商海鋒　注譯

新譯圓覺經

三民書局

1

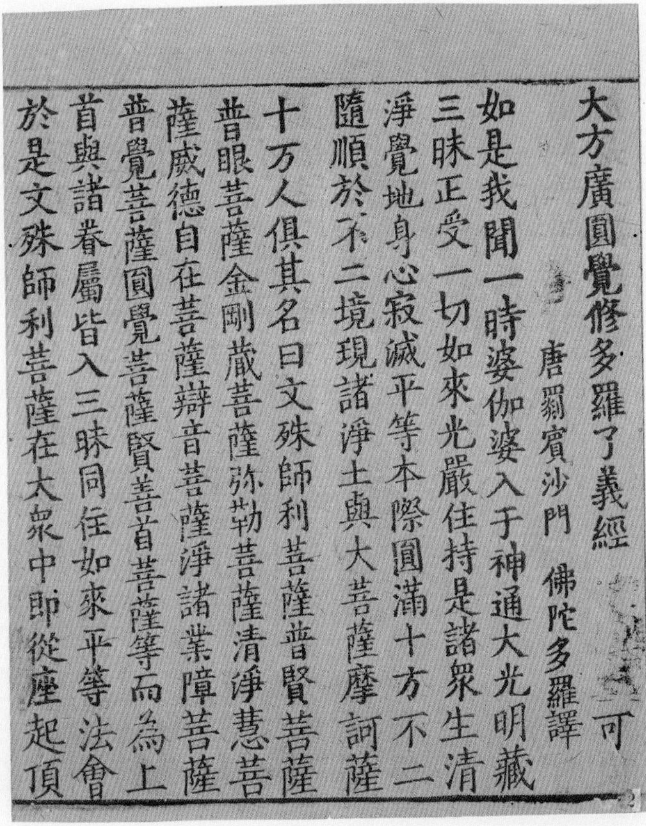

大方廣圓覺修多羅了義經　可
唐罽賓沙門　佛陀多羅譯
如是我聞一時婆伽婆入于神通大光明藏
三昧正受一切如來光嚴住持是諸衆生清
淨覺地身心寂滅平等本際圓滿十方不二
隨順於不二境現諸淨土與大菩薩摩訶薩
十万人俱其名曰文殊師利菩薩普賢菩薩
普眼菩薩金剛藏菩薩弥勒菩薩清淨慧菩
薩威德自在菩薩辯音菩薩淨諸業障菩薩
普覺菩薩圓覺菩薩賢善首菩薩等而為上
首與諸眷屬皆入三昧同住如來平等法會
於是文殊師利菩薩在大衆中即從座起頂

南宋紹興元年（1131）刊《思溪圓覺藏》所收《圓覺經》卷首，舊藏日本山城國天安寺法金剛院，今藏北京中國國家圖書館，善本號：3129。

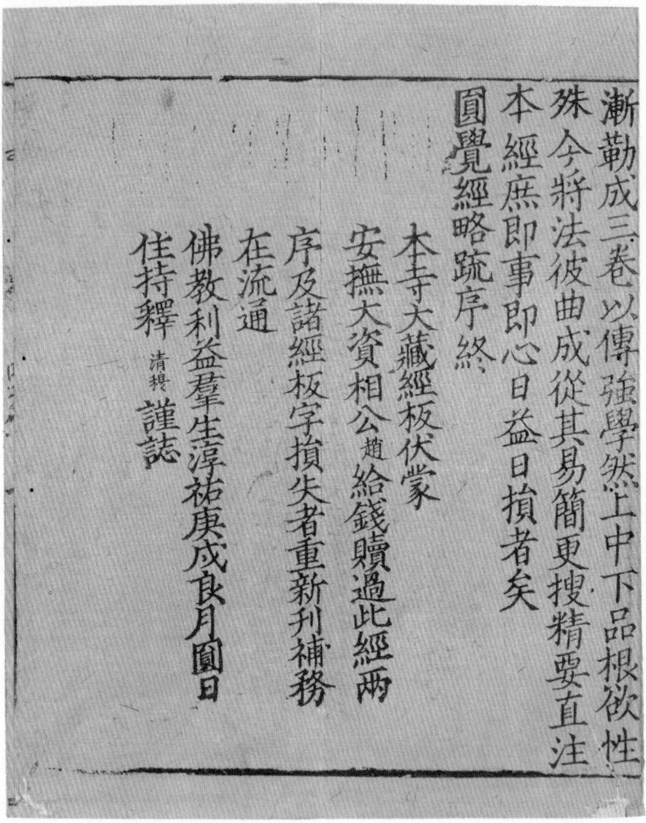
漸勤成三卷以傳強學然上中下品根欲性
殊今將法彼曲成從其易簡更搜精要直注
本經庶即事即心日益日損者矣
圓覺經略疏序終
本寺大藏經板伏蒙
安撫大資相公趙給錢贖過此經兩
序及諸經板字損失者重新刊補務
在流通
佛教利益羣生淳祐庚戌良月圓日
住持釋清提謹誌

南宋淳祐十年（1250）補刊《思溪圓覺藏》所收《圓覺經》牌記，舊藏日本山城國天安寺法金剛院，今藏北京中國國家圖書館，善本號：3129。

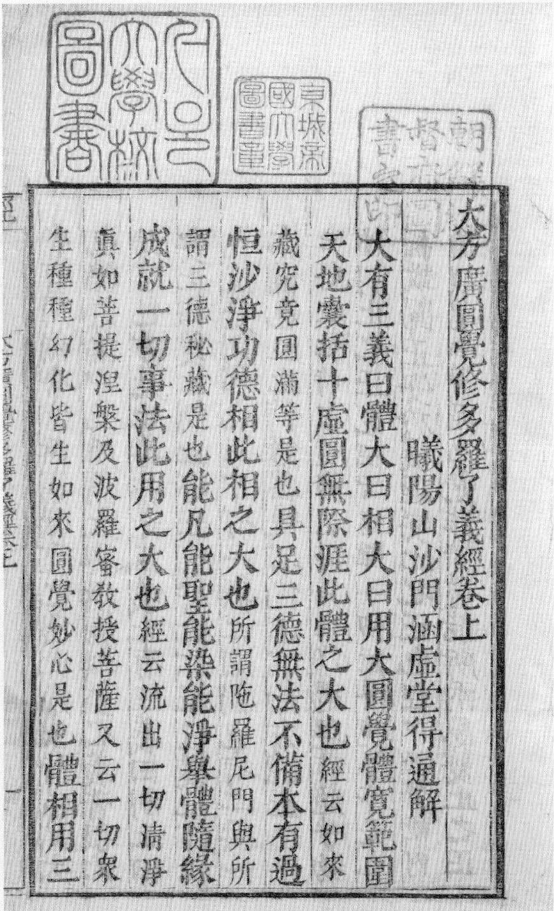
大方廣圓覺修多羅了義經卷上
曦陽山沙門涵虛堂得通解
大有三義曰體大曰相大曰用大圓覺體寬範圍
天地囊括十虛圓無際涯此體之大也經云如來
藏究竟圓滿等是也具足三德無法不備本有過
恒沙淨功德相此相之大也所謂陁羅尼門與所
謂三德秘藏是也能凡能聖能染能淨舉體隨緣
成就一切事法此用之大也經云流出一切清淨
眞如菩提涅槃及波羅蜜敎授菩薩又云一切衆
生種種幻化皆生如來圓覺妙心是也體相用三

朝鮮時代高宗十九年（1882）刊《圓覺經解》卷首，舊藏漢城朝鮮王室奎章閣，今藏韓國首爾大學奎章閣韓國學研究院，善本號：奎中2213。

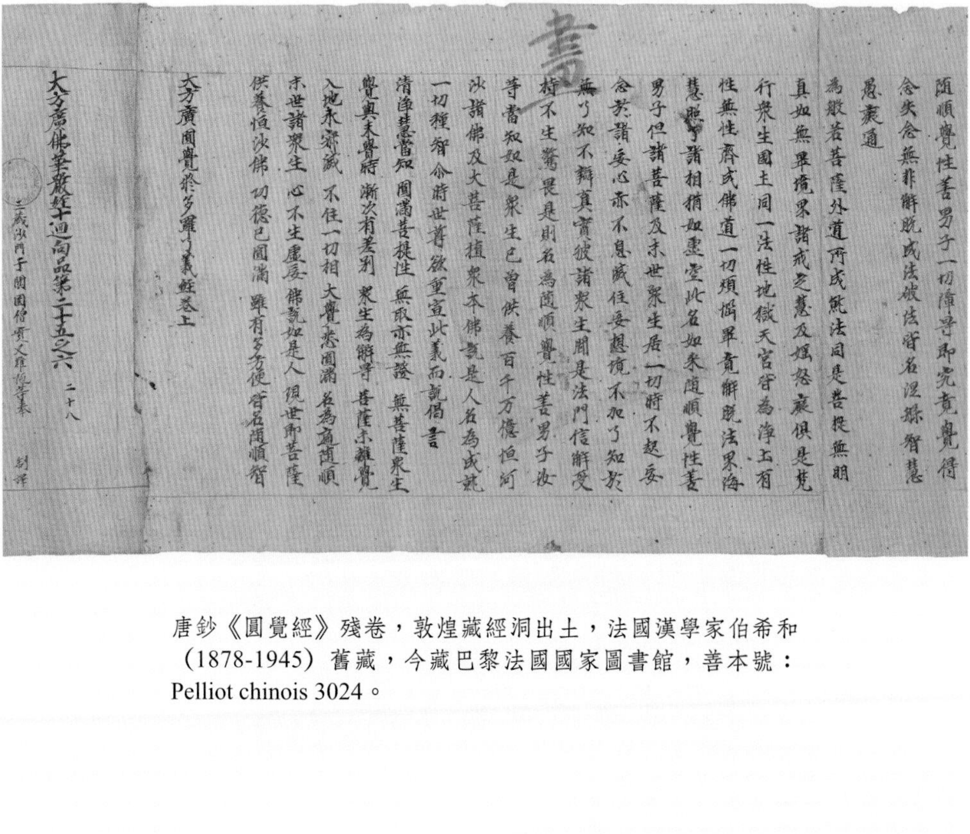

唐鈔《圓覺經》殘卷，敦煌藏經洞出土，法國漢學家伯希和（1878-1945）舊藏，今藏巴黎法國國家圖書館，善本號：Pelliot chinois 3024。

刊印古籍今注新譯叢書緣起

劉振強

人類歷史發展，每至偏執一端，往而不返的關頭，總有一股新興的反本運動繼起，要求回顧過往的源頭，從中汲取新生的創造力量。孔子所謂的述而不作，溫故知新，以及西方文藝復興所強調的再生精神，都體現了創造源頭這股日新不竭的力量。古典之所以重要，古籍之所以不可不讀，正在這層尋本與啟示的意義上。處於現代世界而倡言讀古書，並不是迷信傳統，更不是故步自封；而是當我們愈懂得聆聽來自根源的聲音，我們就愈懂得如何向歷史追問，也就愈能夠清醒正對當世的苦厄。要擴大心量，冥契古今心靈，會通宇宙精神，不能不由學會讀古書這一層根本的工夫做起。

基於這樣的想法，本局自草創以來，即懷著注譯傳統重要典籍的理想，由第一部的四書做起，希望藉由文字障礙的掃除，幫助有心的讀者，打開禁錮於古老話語中的豐沛寶藏。我們工作的原則是「兼取諸家，直注明解」。一方面熔鑄眾說，擇善而從；

一方面也力求明白可喻，達到學術普及化的要求。叢書自陸續出刊以來，頗受各界的喜愛，使我們得到很大的鼓勵，也有信心繼續推廣這項工作。隨著海峽兩岸的交流，我們注譯的成員，也由臺灣各大學的教授，擴及大陸各有專長的學者。陣容的充實，使我們有更多的資源，整理更多樣化的古籍。兼採經、史、子、集四部的要典，重拾對通才器識的重視，將是我們進一步工作的目標。

古籍的注譯，固然是一件繁難的工作，但其實也只是整個工作的開端而已，最後的完成與意義的賦予，全賴讀者的閱讀與自得自證。我們期望這項工作能有助於為世界文化的未來匯流，注入一股源頭活水；也希望各界博雅君子不吝指正，讓我們的步伐能夠更堅穩地走下去。

序言

與《新譯圓覺經》項目結緣，始於二〇一二年冬，業師張伯偉教授的一通薦函。其時，筆者在南京大學域外漢籍研究所攻讀博士學位，博士論文《北宋室町詩禪綜合研究》正在攻堅階段。緣此，得與臺北三民書局的資深編輯張先生書函往復，研討工作細節。二〇一三年秋，張編輯來北京出差，下榻王府井華僑飯店。時筆者已從南大畢業，回至北京家中，一邊在北京大學對外漢語教育學院兼職，一邊籌備簽證，欲赴臺灣中央研究院中國文哲研究所，任博士後研究員。書稿正式簽約，即在此間匆匆一晤之際。臺北兩年深造，遂赴任廣州中山大學中文系，再赴任香港教育大學文學及文化學系，直至二〇一九年夏，書稿始得殺青。君看隨陽雁，各有稻粱謀。人世輾轉，歲月蹉跎，如今落墨導讀並序言，恍然已是庚子大疫後的二〇二一年春。其間張編輯退休，與書局信函聯絡，改為向劉編輯討教。其後，又承書局安排責任編輯王小姐，專司此稿。王編輯的工作綿密、謹嚴，每次信函討論都有及時、切實的效果，有力保證了書稿的品質。對於業師的點撥和書局多年來垂賜的耐心與信任，筆者銘記於衷！

香港工作期間，筆者草創「東亞古典學研修會」。承蒙學系支持，曾以「《圓覺經》譯注」為名，申請到啟動研究金的支持。得以招聘研究助理（程廣泉、陳越溪）、學生助手（張歡歡、郭禹昆、陳澤霖、謝李潔、李抒颺、陳灝揚、鄭麗詩、李多航、魏搏、張曦元、莊鳳妮），又邀請學界同好（梁樹風博士、劉雅詩博士、許建業博士），每週圍坐研讀《圓覺》。是此整理，底本得以採用北京國圖善本室藏《圓覺藏》本《圓覺經》，乃該經存世之最善本。以上，謹申謝忱。

筆者自南京大學秉承的學術薰習，從師公程千帆先生（西元一九一三－二〇〇〇年）「文獻學與文藝學相結合」的理念，到業師域外漢籍研究所的祕籍琳瑯，既霑既足，生我百穀！因之，是次新譯《圓覺》，筆者不僅在精神上力圖紹述唐僧傳統，亦欲充分發揮自身所受「域外漢籍」與「古典文學」的綜合訓練潛質，令舊經再譯，其命維新。

二〇一七年，緣兼任京都花園大學國際禪學研究所客員研究員，筆者摯友、前任副所長柳幹康博士，曾帶引參訪初代所長柳田聖山教授（西元一九八八－一九九四年在任）當年伏案的空間。一代禪學泰斗，素樸無華如斯。謹以是次新譯，向給予筆者把握《圓覺》經義上最多啟迪的海外三賢（韓僧涵虛己和、柳田教授、Charles Muller 教授），致以溫厚的敬意。

新譯圓覺經 目次

導讀

《圓覺經》全名《大方廣圓覺修多羅了義經》。主旨在解釋何謂「圓滿的覺悟」，如何修持以達至這一至高境界，以及如何避免某些誤區。「大方廣」即廣大至真，「修多羅」(Sūtra)即「經」之梵語音譯，「了」即究竟、徹底。

該經現身初唐、武周之際，中唐以降愈發受到佛教諸宗如天台、華嚴、禪宗乃至密宗的重視。然其經文層次，如何科判？其十二菩薩各自代表的宗教功能，作何解釋？菩薩間的上場次序，作何意指？該經存世的最早及最善版本，各自如何？其古本在東亞古典時代的日韓兩國，有何流布？東亞諸多《圓覺》古注中，哪些最為重要，特色如何？從敘事結構的角度看，該經隱藏了哪些形式邏輯？北宋至晚清，該經在儒佛兩家經典的漫長博弈中，又扮演了怎樣的角色？上述諸問題，學界認知仍多有未善之處，本文試予解答。

一、《圓覺經》的科判與十二菩薩的功能

《圓覺經》篇幅短小，筆墨極其精煉，唐鈔本分上下兩卷（關於唐鈔，詳後），宋刻以降則不分卷。雖洗練如斯，其經文結構，仍宜遵中古以降的「三分科經」法，判為〈序分〉、〈正宗分〉、〈流通分〉。〈序分〉展陳布道環境，點明淨土非於彼岸而只在自心，開列聽法之十二菩薩。〈正宗分〉由十二菩薩匯出十二小節。每小節由一位菩薩出場，跪於佛足，代表凡間信眾提出若干問題，由佛陀先以長行一一作答，繼以偈頌概括總結。〈流通分〉由諸神立誓守護奉經信眾。上述結構，筆者釐為下表：

《圓覺經》科判		
1	序分	
2	正宗分：十二菩薩問法	1 文殊師利
		2 普賢
		3 普眼
		4 金剛藏
		5 彌勒

6	清淨慧
7	威德自在
8	辯音
9	淨諸業障
10	普覺
11	圓覺
12	賢善首
3	流通分

緣此，《圓覺經》實應判為十四子節。然而歷代說經者，無論古今注家，率將全經分為十三甚至十二子節，或將〈流通分〉混入賢善首菩薩一節，或更為粗率地將〈序分〉也混入文殊師利菩薩一節，皆不可取。❶

十二菩薩的身分、功能各有安排，其出場順序，亦皆錯落有致，極顯《圓覺經》敘述手法之精巧。筆者本文做出如下概括：

❶ 唐裴休，〈圭峰禪師碑〉（東京：二玄社，據三井文庫藏本影印，一九九一年）：「初在蜀，因齋次受經，得《圓覺》十三章，深達義趣，遂傳《圓覺》。」即將該經判為十三子節。筆者按：此碑作於唐宣宗大中九年（西元八五五年），柳公權（西元七七八—八六五年）篆額，陝西省西安市鄠邑區草堂寺出土，乃今見宗密最早的傳記文本。

第一位，文殊師利菩薩，代表「智慧」。佛陀開悟的因果「二地」，皆在圓滿覺悟之一心。眾生之無明，猶如空中之花。

第二位，普賢菩薩，代表「力行」。利根人可藉「如幻三昧」、「以幻修幻」的頓修法，達成頓悟。

第三位，普眼菩薩，即千手千眼觀音，代表「體察」。鈍根人可藉持戒、宴坐的漸修法，達成漸悟。

第四位，金剛藏菩薩，代表「信念」。本來成佛與本來無明的內在矛盾，須靠果敢地斷滅輪迴，始能解決。

第五位，彌勒菩薩，代表「慈悲」。世俗愛欲致眾生陷於輪迴，理、事「二障」致眾生無力轉愛成慈，而跨越二障又存在「五性」，即五種不同的可能。

第六位，清淨慧菩薩，代表「潔淨」。由未悟到已悟，再到徹悟，即轉垢成淨。由於對圓覺把握程度的不同，眾生存在五種不同的修證差別。

第七位，威德自在菩薩，代表「威嚴」與「仁德」的「調和」。由於根性不同，眾生有「圓覺三觀」的三種修行法門，即「奢摩他」，意譯靜定；「三摩鉢提」，意譯幻化；「禪那」，意譯寂滅。三觀皆可令轉嗔成威。

第八位，辯音菩薩，代表「辨別」。❷由於機緣不同，圓覺三觀的具體落實，可進一步

---

❷ 筆者按：辯、辨，二字意同。依宋刊《思溪藏》本，字形作「辯」。

細分為「二十五定輪」，即二十五種單修、複修、圓修的修煉法門。

第九位，淨諸業障菩薩，即除蓋障菩薩，代表「除滅」。通往悟境，須斷滅四種惡業，即我、人、眾生、壽命之「圓覺四相」。易言之，即取證、刻意、妄想與執著。

第十位，普覺菩薩，代表「療癒」。欲修圓覺，務須對治四種修行方法的誤解，即作、止、任、滅之「四禪病」。

第十一位，圓覺菩薩，代表「徹悟」。既入悟境者當幫扶未悟，指導其如何結夏安居，如何啟動圓覺三觀的初階法門，即取靜、冥想、數息。

第十二位，賢善首菩薩，代表「功德」。說經已畢，本經又有五種異名，且具備廣大的功德利益。

文殊師利首先出場，說明圓覺雖是終點但更是起點，認識到這一點先要絕大智慧。普賢緊隨其後，說明聰慧之外，就須力行實踐。普眼第三個出場，溫柔地體察世間疾苦，接引弱者。這一性格特徵，啟發了普眼向後世觀音慈母形象的轉化。金剛藏第四，意在喚起群盲的內在信念。從信仰建立的角度，即使不經獨立思考，信念本身即無堅不摧。彌勒第五，是要眾生學會捨棄小愛小我，擁抱大愛大我。清淨慧第六，以潔淨程度的不同，說明修證境界的高下次第。威德自在第七，代表令人敬畏的威嚴和予人撫慰的仁德，剛柔相濟，正如三種修行法門（奢摩他、三摩鉢提、禪那）相輔相成。辯音第八，說明眾生機緣不同，故修行法門的落實存在多達二十五種精細差別。此種碎密修行的特徵，與唐代密宗相呼應。淨諸業障第九，引導眾生斷除四種惡習。普覺第十，幫助眾生治療四種心病。圓覺第十一，到達終點的修行者，幫助未悟者如何入門。最後出場的賢善首，稱揚此經具備最廣大的功德利益。要之，十二菩薩次第出場，構成環環相扣的敘事鏈條。

二、《圓覺經》的善本與東亞古典時代的流通

迄今為止，人們從未見過《圓覺經》的梵文古本，自其面世以降，所論皆止於漢籍。緣此，近代以來，以望月信亨（西元一八六九－一九四八年）、胡適（西元一八九一－一九六二年）為代表，佛學界多將其歸入「疑偽經」之列。❸認為所謂「漢譯」，許是八或九世紀唐代漢人學僧的偽造，意在顯揚「如來藏思想」。而其改造來源，或取自《楞嚴經》和《大乘起信論》。❹不過少量新近研究，據初唐的譯經規範、譯員構成，主張它是未經及時著錄

---

❸〔日〕望月信亨，《仏教経典成立史論》（京都：法藏館，一九四六年）。胡適，〈禪宗史的一個新看法〉（載臺北《中央日報》，一九五三年一月十二日）：「現在佛教中，還有一部《圓覺經》。這部經大概是偽造品，是宗密自己作的。」筆者按：此文原為一九五三年胡適於蔡元培先生八十四歲誕辰紀念會上的演講稿。

❹〔韓〕曹潤鎬，《円覚経》の成立と受容（思想的立場と関連して）》，《印度學佛教學研究》，一九九六年，第五四卷，第一號，第五九－六二頁。曹潤鎬，《円覚経》解明の視點：経典成立史の観点〉，《インド哲学仏教学研究》，第四號，一九九六年，第五四－六六頁。

的真經。❺退一步講，即使《圓覺》確屬偽經，但唐代它就成為天台、華嚴、禪宗、密宗共同尊奉的經典。北宋起對士大夫階層產生深遠影響，其後迅即在東亞漢文化圈的韓國、日本、琉球、越南廣為傳布。因之，該經在漢傳佛教中的地位，長久以來都堅如磐石。

初唐、武周之際，《圓覺經》進入漢傳佛教的視野。據中唐圭峰宗密（西元七八〇－八四一年）《圓覺經大疏鈔》，他曾見過一種南方譯本：

余又於豐德寺難經中見一本《圓覺經》。年多蟲食，悉已破爛，經末兩三紙，才可識辨。後云：「貞觀二十一年，歲次丁未，七月乙酉朔十五日己亥，在潭州寶雲道場譯了，翻語沙門羅睺曇捷，執筆弟子姜，道俗證義大德智晞注，紘慧今寶證道脈。」然未詳真虛。或恐前已曾譯，但緣不能聞奏，故滯於南方，不入此中之藏。不然者，即是詐謬也。❻

該本譯於太宗貞觀二十一年（西元六四七年），譯場在江南西道潭州（今湖南長沙）寶雲寺。譯者羅睺曇捷（生卒年不詳），不詳國別。然該本為宗密發現時，經紙幾近碎爛。因屬私譯，

❺ 楊維中，《《圓覺經》的真偽之爭新辨》，《西北大學學報》，二〇一六年，第四六卷，第三期，第三五－四〇頁。

❻ 唐宗密，《圓覺經大疏鈔》（河村孝照編，《卍新纂大日本續藏經》，東京：株式會社國書刊行會，一九七五－一九八九年，第九冊），卷一之下。

它也從未得到朝廷的資助和承認。此外，宗密在《圓覺經大疏》中又稱，他還聽說過另一種北方譯本：

北都藏海寺道詮法師《疏》又云：「羯濕彌羅三藏法師佛陀多羅，（武周）長壽二年龍集癸巳，持於梵本，方至神都，於白馬寺翻譯，四月八日畢。其度語、筆受、證義諸德，具如別錄。」不知此說，本約何文？素承此人，學廣道高，不合孟浪。或應國名無別，但梵音之殊。待更根尋，續當記載。❼

該本譯於武周長壽二年（西元六九三年），譯場在東都（今河南洛陽）白馬寺。譯者佛陀多羅（生卒年不詳），是「羯濕彌羅」的三藏法師。羯濕彌羅又稱「罽賓」，即今西域喀什米爾（Kashimiri）。最早正式著錄該譯本的，是盛唐智昇（生卒年不詳）。他在玄宗開元十八年（西元七三〇年）編著的《開元釋教錄》和《續古今譯經圖記》中提及，《圓覺經》一卷二十七紙，由罽賓沙門佛陀多羅譯於白馬寺。❽該譯似乎得到官方資助，很快就自中原北傳至北都（今山西太原），西南傳至宗密的家鄉蜀地。

---

❼ 唐宗密，《圓覺經大疏》（河村孝照編，《卍新纂大日本續藏經》，東京：株式會社國書刊行會，一九七五－一九八九年，第九冊），上卷之二。

❽ 唐智昇，《開元釋教錄》（《大正藏》），卷一九下，第五五冊，第七一〇頁，欄中。

《圓覺經》存世最早的殘本，是藏經洞出土的唐代敦煌寫卷，由法國漢學家伯希和(Paul Eugène Pelliot, 1878–1945)發現，今藏巴黎法國國家圖書館（Bibliothèque nationale de France），典藏號「P. 3024」。該本即宗密所見武周洛陽譯本之殘卷，與多種佛教典籍合鈔：經紙正面《菩薩瓔珞經・龍王浴太子品》、《大方廣佛華嚴經・十迴向品》、《大方廣圓覺修多羅了義經》，經紙背面《因明論三十三過》、《佛說金剛經纂》。據《佛說金剛經纂》所述唐代宗大曆元年（西元七六六年）北山縣女子入冥故事❾，該本抄寫年代應不晚於此年。緣此，《圓覺經》武周譯本在八世紀中期已流傳西北邊地。該本《圓覺》殘卷兩紙相接，始於長行「若遇善友，教令開悟，淨圓覺性，發明起滅，即知此生，性自勞慮」，迄於偈頌「供養恆沙佛，功德已圓滿。雖有多方便，皆名隨順者」。這段文字，乃該經〈正宗分六・清淨慧菩薩〉逾三分之二篇幅的文字內容。該本亦是目前已知敦煌文獻中僅見的《圓覺經》唐鈔殘卷。

《圓覺經》存世的最善本，是兩宋之際刊版的《圓覺藏》本。繼宋初《開寶藏》、遼朝

❾ 筆者按：敦煌寫卷原文為「天曆元年，北山縣有一劉姓女子」云云。「天曆」為元文宗年號，「天曆元年」為西元一三二八年。但近來學界考證，「天曆」當為「大曆」之誤植。「大曆」為唐代宗年號，「大曆元年」為西元七六六年。參宗舜，《六家散藏敦煌遺書之佛教文獻考辨》，載濟群主編《戒幢文集》（第一卷），上海：上海古籍出版社，二〇〇九年，第一七二－一七三頁。荒見泰史，《敦煌十齋日資料與齋會、禮義》，《中國敦煌吐魯番學會成立三十周年國際學術研討會論文集》（第一組），首都師範大學，二〇一三年八月十七－二十一日，第四一四－四一五頁。

中期《契丹藏》和北宋末《崇寧藏》之後，《圓覺藏》是第四部刊版《大藏經》，亦是《崇寧藏》之後的第二部私刻《大藏經》。北宋末，王永從（生卒年不詳）以「左武大夫、密州觀察使」之職致仕，告老鄉居兩浙路湖州歸安縣（今浙江湖州南潯）松亭鄉思溪村，與其弟王永錫（生卒年不詳）合力，於當地出資建立「圓覺禪院」。他們並捐捨家財，僱工於該寺雕造了整部《大藏經》五千餘卷，經摺裝，史稱《思溪圓覺藏》。⑩寺院乃至其後整部《大藏》之簡稱，皆摘自區區一卷《圓覺》，可見該經在藏經史，乃至整個漢傳佛教史上顯赫的地位。鑑於該藏之前的三部《大藏經》，《開寶》、《崇寧》二藏之簡稱分別取自北宋太祖、徽宗年號，而遼藏之名取自國號（大遼又稱大契丹國），因此以「圓覺」二字名藏，顯得尤為不凡。據學界新近研究，《圓覺藏》之雕造，開版不遲於北宋徽宗大觀四年（西元一一一〇年），耗時逾二十載，完工於南宋高宗紹興二年（西元一一三二年）。⑪《圓覺藏》分置《千字文》「天」至「合」字號大小凡五百五十個書函內。《圓覺經》位於「可」字號大小函，即全藏二分之一稍前的位次。⑫又由於該藏刊刻的次序，乃先首尾再中間地齊頭並進。⑬緣此，筆者推測，該經約雕造於全藏即將完成的南宋高宗紹興元年（西元一一三一年）。

⑩ 何梅，〈南宋《圓覺藏》《資福藏》探究〉，《世界宗教研究》，一九九七年，第四期，第五六—六六頁。

⑪ 王傳龍，〈《思溪藏》刊刻事項匯考〉，《文獻》，二〇二〇年，第四期，第一六—二六頁。

⑫ 《大方廣圓覺修多羅了義經》（南宋初刊，《思溪圓覺藏》，經摺裝，北京：中國國家圖書館藏），不分卷，第一二摺，第一行。

⑬ 王傳龍，〈《思溪藏》刊刻事項匯考〉，《文獻》，二〇二〇年，第四期，第二三頁。

年深歲久，《圓覺藏》中的《圓覺》經版曾有兩次補修，第一次在南宋理宗淳祐十年（西元一二五〇年）。⑭其補版刷本，於宋末恭帝德祐元年（西元一二七五年）暨鎌倉時代（西元一一九二—一三三三年）後宇多天皇建治元年，東渡日本。此次赴日的《圓覺藏》似有兩套：其一藏近江國菅山寺（位今滋賀縣長濱市余吳町），其二藏山城國天安寺法金剛院（位今京都府京都市右京區）。天安寺藏本曾於江戶時代東山天皇元祿九年（西元一六九六年）補版，此即前述《圓覺藏》本《圓覺經》補修之第二次。⑮是次補修本，楊守敬（西元一八三九—一九一五年）於晚清光緒九年（西元一八八三年）從日本整體購回。⑯民國初年，

---

⑭《大方廣圓覺修多羅了義經》（南宋初刊，《思溪圓覺藏》，經摺裝，北京：中國國家圖書館藏），不分卷，第一一摺。該摺有宋人補刊牌記：「本寺《大藏》經板，伏蒙安撫大資相公（趙）給錢贖過。此經兩序及諸經板字損失者，重新刊補，務在流通佛教，利益群生。淳祐庚戌，良月圓日。住持釋（清穆）謹誌。」

⑮《大方廣圓覺修多羅了義經》（南宋初刊，《思溪圓覺藏》，經摺裝，北京國圖藏），不分卷，第一摺。該摺有日人補刊牌記：「元祿九年丙子二月日，重修山城州天安寺法金剛院置。」

⑯清楊守敬，《《大藏經》五千七百四十卷宋槧本》，《日本訪書志》（瀋陽：遼寧教育出版社，二〇〇三年），第一五卷，第二三八頁：「是《經》日本有兩部，一藏近江國菅山寺，一藏山城國天安寺，此即天安寺本也。自『天』字起，至『最』字止，凡五千七百四十卷，間有鈔補，係元祿九年以菅山寺本照錄重修，不知何時又缺六百餘卷。余在日本，有書估為言，欲求售之狀，適黎星使方購佛書，即囑余與議之，價三千元……余以此書宋刻，中土久無傳本，明刊南、北《藏》本，兵燹後亦十不存一，況明本魯魚豕亥，不可枚舉，得此以訂訛鋤謬，不可謂非鴻寶，乃忍痛受之。」

《圓覺藏》歸入為紀念蔡鍔（西元一八八二—一九一六年）將軍而成立的松坡圖書館。西元一九五〇年，該藏隨松坡圖書館其餘館藏併入北京圖書館。而今，其為北京中國國家圖書館善本部藏品，善本號「3129」。

上述《圓覺藏》本《圓覺經》及其他諸種《大藏經》刊本，包括《趙城金藏》、明末清初《嘉興藏》至近代日本《大正藏》本，乃至唐宋、明清、江戶時代諸古注本，經末都缺少一段關鍵偈頌：

介時世尊，欲重宣此義，而說偈言：「賢善首當知：是經諸佛說。如來等護持，十二部眼目。名為大方廣，圓覺陀羅尼，顯如來境界。依此修行者，增進至佛地。如海納百川，飲者皆充滿。假使施七寶，積滿三千界，不如聞此經。若化河沙眾，皆得阿羅漢，不如聞半偈。汝等於來世，護是宣持者，無令生退屈。」[17]

以上凡一百一十三字，若置於該經〈正宗分十二・賢善首菩薩〉末尾，《圓覺》全經始稱完璧。以往學界以為，近代學術史上，是時任京都帝國大學校長的松本文三郎（西元一八六九—一九四四年）教授，於明治四十四年（西元一九一一年）於一古宋本殘頁，首次發現了

[17]〔日〕松本文三郎，〈圓覺經佚文〉（河村孝照編，《卍大日本續藏經》，京都：藏經書院，一九〇五—一九一二年），不分卷，頁一上。

這百餘字。此段引文與松本教授小序，合稱〈圓覺經佚文〉，收入日本《卍續藏》第一輯。❶⓲然而，韓僧涵虛己和（함허득통，西元一三七六—一四三三年）所撰《圓覺經解》（원각경소），作為韓國存世最早的《圓覺》古注，其〈正宗分十二・賢善首菩薩〉末尾已見該段偈頌。上述情況說明，東亞古典時代早期，早於《圓覺藏》本的某一《圓覺經》足本，曾分別潛流於日本、高麗王朝。

三、《圓覺經》最重要的三種東亞古注

《圓覺經》在東亞範圍內的歷代注本，多達數十種。以下三種最稱翹楚，影響深遠，且各具特色：

唐代最重要的《圓覺經》注者，即前文提及的長安圭峰山草堂寺主持，宗密法師。他原是山南西道果州西充縣（今四川南充西充）人氏。與傳說中禪宗六祖惠能（西元六三八—七一三年）一聽《金剛經》而悟相彷，據宗密自述及裴休（西元七九七—八七〇年）記述，宗

⓲ 同上。序云：「余嚮偶獲古宋本《大方廣圓覺修多羅了義經》下卷，一帖一紙，廿行，行十二字。經末有『左藏庫西，潘閬巷（一行）內李三二郎印行（二行）』之記。今撿尋其文，『汝善男子，當護來世，是修行者，無令惡魔，及諸外道，惱其身心，令生退屈』之下，有『爾時世尊』乃至『無令生退屈』等一百一十三言。」

密二十餘歲也是一覽《圓覺經》即心下大悟：

宗密為沙彌時，於彼州因赴齋請，到府吏任灌家。行經之次，把著此《圓覺》之卷。讀之兩三紙已來，不覺身心喜躍，無可比喻。自此躭翫，乃至如今。⑲

圭峰禪師，得法於菏澤嫡孫南印上足道圓和尚。一日，隨眾僧齋於州民任灌家，居下位，以次受經，遇《圓覺了義》。卷未終軸，感悟流涕。歸以所悟告其師。師撫之曰：「汝當大弘圓頓之教，此經諸佛授汝耳。」⑳

宗密的導師道圓禪師（生卒年不詳），住持劍南道遂州（今四川遂寧）大雲寺。宗密初遇《圓覺》之地，應即遂州。這一流傳於西南地域的《圓覺經》，即前述武周洛陽譯本。宗密偶遇《圓覺》竟會「感悟流涕」，或是朦朧把握到「自心」與「佛性」的相融，以及「圓滿覺悟」與華嚴學「圓融無礙」的相合，才會如此。其後，他鼓吹「禪教一致」，終成身兼南禪神會（西元六七〇—七六二年）四傳弟子並「華嚴五祖」雙重身分的一代高僧。宗密力倡《圓

⑲ 唐宗密，《圓覺經大疏鈔》（河村孝照編，《卍新纂大日本續藏經》，東京：株式會社國書刊行會，一九七五—一九八九年，第九冊），卷一之下，頁四四五上。

⑳ 唐裴休，〈圓覺經略疏序〉，宗密《圓覺經略疏》（《嘉興藏》，東京：東京大學總合圖書館藏），卷首，頁2a。

覺》，一生注疏該經，為作《圓覺經大疏》、《大疏鈔》、《大疏科》、《略疏》、《略疏鈔》、《道場修正儀》、《禮懺略本》、《道場六十禮》，凡八種八十卷之多。這些書，包括五種詳略不同的經文訓解，三種指導修行者依經禮拜、懺悔的實踐指南。其最著者，是篇幅較小的《圓覺經略疏》四卷。其他終因繁冗，令庸人不免溺於文字葛藤。前述《圓覺藏》本《圓覺經》在南宋淳祐間修補中，曾於經首增刻裴休〈宗密圓覺經略疏序〉。作為唐宣宗朝（西元八四七—八六〇年）宰相，裴休既是宗密高徒，亦是禪師黃檗希運（西元？—八五〇年）弟子，因與臨濟義玄（西元？—八六六年）同門。這更印證了《圓覺》於中晚唐綰合教、宗兩門（華嚴宗與禪宗）的樞紐地位。

宋代最重要的《圓覺經》注者，首推南宋孝宗趙昚（西元一一二七—一一九四年）。淳熙十年（西元一一八三年），他著《御注圓覺經》兩卷，賜臨安府（今浙江杭州）徑山寺上板，成為東亞漢傳佛教史上首位專為某一佛教藏經作注的帝王。據徑山寺住持寶印（西元一一一〇—一一九一年）〈御注圓覺經序〉：

> 佛法流入中國，唯唐太宗文皇帝親製序文，冠於《大般若經》，而未嘗注釋。今我皇帝陛下，顯示一心之法，注釋《大圓覺》，以悟群迷，真冠乎百王，超出前代，一人而已！昔圭峰禪師宗密，附以疏鈔，但其文浩繁。今陛下所注，言簡而義豐，詞約而理盡。自有《圓覺》以來，蓋未有此書也！㉑

有別於唐僧宗密疏鈔的宗教立場與厚繁卷帙，這部宋王御注純以禪宗角度予以詮釋，形成「言簡詞約」的表達風格。孝宗竟能以九五至尊力推《圓覺》，折射出南宋初皇權、士大夫與禪林愈加合流的趨勢。這一情勢，也為南宋中葉建立，並為日本鐮倉幕府規仿的禪宗「五山十剎」制度，奠定了基調。

高麗王朝（西元九一八—一三九二年）末至朝鮮王朝（西元一三八八—一九一〇年）初，己和（堂號涵虛）是這一時代極著名的禪僧之一。年輕時，他曾是成均館（太學）前程錦繡的儒生，雅擅漢詩與漢文寫作。朝鮮太宗李芳遠（西元一三六七—一四二二年）暮年，曾禮聘涵虛作自己及王室佛學上的導師。以漢字撰著的《圓覺經解》三卷，令涵虛己和成為韓國佛教史上赫赫有名的高僧。他受到宗密「華嚴禪」而非純禪的影響，甚至認為一卷《圓覺》幾乎就是煌煌《八十華嚴》的濃縮。㉒《圓覺經解》文辭的繁簡風格，亦介乎宗密《略疏》與孝宗《御注》之間，而據乎中道。此外，一個鮮明的特點在於，他認為傳世的《圓覺經》文字舛誤嚴重，憑藉自己鴻富的佛學和漢學知識，不妨大膽予以訂正。比如他在〈正宗分九．淨諸業障菩薩〉大幅使用前後文相互印證的本校法，致其校訂本與傳世本頗有不同。

㉑ 南宋寶印，〈御注圓覺經序〉，孝宗《御注圓覺經》（河村孝照編，《卍新纂大日本續藏經》，東京：株式會社國書刊行會，一九七五—一九八九年，第一〇冊），卷首。

㉒ Charles Muller, *The Sutra of Perfect Enlightenment: Korean Buddhism's Guide to Meditation* (with *Commentary by the Sŏn Monk Kihwa)*, Albany: State University of New York Press, 1999.

四、《圓覺經》的文體結構

佛典漢譯史上，通常將譯經家姚秦鳩摩羅什（西元三四四—四一三年）辭達而意譯的風格及其譯本，稱為「舊譯」，並將初唐玄奘（西元六〇二—六六四年）辭謹而直譯的風格及其譯本，稱為「新譯」。雖然羅什一系的舊譯往往更為流行，但玄奘以降的新譯所宣導的理念，如忠於原典以及思想、語言的原貌，筆者認為，確然有其傳承價值。

《圓覺》的現代新譯，當代學界碩果滿枝。其一，如柳田聖山（西元一九二二—二〇〇六年）教授，歷任京都大學人文科學研究所、花園大學國際禪學研究所所長，其譯注出版於一九八七年。㉓其二，如張保勝教授，作為季羨林（西元一九一一—二〇〇九年）教授的高足，曾任教北京大學東語系，其譯注出版於一九九六年。㉔其三，如 Charles Muller 教授，曾任東京大學文學部教授，其 *The Sutra of Perfect Enlightenment: Korean Buddhism's Guide to Meditation (with Commentary by the Sŏn Monk Kihwa)*（《圓覺經：韓國佛教禪修圭旨（附禪僧己和注）》出版於一九九九年。三人無不令佛學後輩高山仰止，其著述無不惠賜筆者良多。

然則筆者是譯之「新」，其「新」首在域外文獻，尤其版本、校勘、輯佚領域的深度利

㉓〔日〕柳田聖山譯注，《円覚経》（東京：株式會社筑摩書房，一九八七年）。

㉔張保勝釋譯，《圓覺經》（高雄：佛光文化事業有限公司，一九九六年）。

用。作為底本的《圓覺藏》本《圓覺經》所以堪稱最善，不僅在其古老，亦在其為日本江戶時代初期遞修本，上有楊守敬「星吾東瀛訪古記」朱文鈐印，端可視為清末「古逸叢書」之一種。而是譯所參酌之眾多校本、古注，也常為域外善本：如法國之唐鈔殘卷，高麗時代高宗二十四年（西元一二三七年）之再雕本《高麗藏》，日本《卍續藏》〈圓覺經佚文〉所據之明治末年發現的古宋本，又如韓僧涵虛己和《圓覺經解》之朝鮮時代高宗十九年（西元一八八二年）刊本（舊藏漢城朝鮮王室奎章閣，今藏首爾大學奎章閣韓國學研究院）。

同時，筆者譯之「新」，亦在古典文學，尤其敘事結構這一問題意識與方法的充分運用。若嚴用三分科經法，將〈序分〉從頭部的文殊師利菩薩一節剝離，再將〈流通分〉從尾部的賢善首一節剝離。其後，不難呈現〈正宗分〉十二菩薩各節，必是「先長行，後偈頌」的行文結構。緣此，松本文三郎發覆的意義就超越輯佚，也有力佐證了經文內部的行文規則。此外，〈正宗分〉十二節還有如下四大標誌性的結構特徵，為筆者是譯所首次揭示：

其一，〈正宗〉各分之首段文字，必如下：

於是，某某菩薩，在大眾中，即從座起，頂禮佛足，右遶三帀，長跪叉手，而白佛言……作是語已，五體投地，如是三請，終而復始。

中間「某某菩薩」提問，依次為文殊師利、普賢、普眼、金剛藏、彌勒、清淨慧、威德自在、辯音、淨諸業障、普覺、圓覺、賢善首。繼而，〈正宗〉各分之次段文字，亦必如下：

> 尒時世尊，告某某菩薩言：「善哉善哉！善男子！汝等乃能，為諸菩薩，某某如來，……汝今諦聽，當為汝說。」時某某菩薩，奉教歡喜，及諸大眾，默然而聽。

佛陀必先予讚許，中間簡要概括菩薩所問，其後才從容展開回答。

其二，十二菩薩又實可分為六對，而辨別六對的關鍵字，祕鑰便在佛陀的讚許之詞先後曾有六次錯落：其稱許「汝等乃能，為諸菩薩，某某如來」，依次為第一對文殊師利、普賢之「諮詢如來」，第二對普眼、金剛藏之「問於如來」，第三對彌勒、清淨慧之「請問如來」，第四對威德自在、辯音之再次「問於如來」，第五對淨諸業障、普覺之「諮問如來」，第六對圓覺、賢善首之再而「問於如來」。看出這一點，則文脈中的節奏感呼之欲出。這一均勻起伏的形式結構，暗示著每對之內二菩薩之間的意脈關係相互應和、遞進、勾連，實則更為緊緻。

其三，佛陀展開的十二次回答，可據其間重複的「善男子」三字，精準分段。順此關節，整理者與讀者，皆可如庖丁解牛，奏刀騞然，莫不中音。他種分段方式，蓋不可取。

其四，《圓覺經》出現的初盛唐之交，駢體文風一統文壇，韓柳散體文風尚遠未出現。鑑此，既往整理普遍採用的長短不齊之散體，均欠妥當。是譯於長行部分，通篇採用「四言體」作為句讀標準。與之相應，現代漢語語譯之際，是譯亦採用了以下原則：適度突破現代漢語語法限制，令現代標點與古文句讀大體一致。順此，讀者易於將經文、譯文的起止相對應，尤便於把握其中思想脈絡的起伏。

五、《圓覺經》在東亞漢傳佛教史中的地位

北宋徽宗政和年間（西元一一一一—一一一八年），亦樂居士郭印（生卒年不詳）有〈閒看佛書〉一詩，首次提出佛教「四書」之說。詩云：

> 煌煌五千卷，披讀未易終。《楞嚴》明根塵，《金剛》了色空。《圓覺》袪禪病，《維摩》現神通。四書皆等教，真可發愚蒙。我常日寓目，清晨課其功。油然會心處，喜樂浩無窮。寄語看經人，勿墮文字中。㉕

郭氏自承曾陷入「一大藏教」的言辭陷阱，難以自拔。緣此，他倡言信眾著眼《楞嚴》、《金剛》、《圓覺》、《維摩》，認為四部簡要不啻龍睛的小書，有撥雲見日之功。這啟發了南宋中葉的朱熹（西元一一三〇—一二〇〇年），令其依樣葫蘆地宣稱儒門群經中也有關鑰般的「四

㉕ 北宋郭印，《雲溪集》（《影印文淵閣四庫全書》），第五卷，頁1b。

書」，即短小精悍的《大學》、《中庸》、《論語》和《孟子》。據朱子門人龔蓋卿（生卒年不詳）所記：

讀書且從易曉易解處去讀，如《大學》、《中庸》、《語》、《孟》。「四書」道理粲然，人只是不去看。若理會得此「四書」，何書不可讀？何理不可究？何事不可處？㉖

此中清晰指出「四書」之於儒學的綱領意義。

這般儒、佛間定要一較雄長，「你有我豈無哉」的心態，至明清一仍擾擾膠膠。明神宗萬曆十二年（西元一五八四年）欽定《十三經注疏》，確立《周易》、《尚書》、《詩經》、《周禮》、《儀禮》、《禮記》、《左傳》、《公羊》、《穀梁》、《孝經》、《論語》、《爾雅》、《孟子》的無上地位。晚清吳坤修（西元一八一六—一八七二年）比照上述儒家十三經，推選「釋氏十三經」。他從蕅益智旭（西元一五九八—一六五四年）《閱藏知津》概括的藏經「五大部」中，遴選華嚴部《圓覺》、《梵網》，方等部《維摩》、《楞嚴》、《楞伽》、《無量壽》、《觀無量壽》，般若部《金剛》、《心經》，法華部《法華》及小乘部《四十二章》、《八大人覺》、《佛遺教》凡十三種，欲與其分庭抗禮。

㉖ 南宋朱熹講，南宋黎靖德輯，《朱子語類》（明成化九年（西元一四七三年）江西藩司覆南宋咸淳六年（西元一二七〇年）導江黎氏刊本，臺北：國家圖書館藏），第一四卷〈大學一・綱領〉，頁1a。

顯然，與儒家四書之於儒家十三經的核心地位一致，佛教四書在佛教十三經中的位置，亦牢不可破。而其中，不論北宋佛教四書抑或清末佛教十三經，《圓覺》都以其打通禪教、兼顧頓漸、倡言如來自性的宗旨，精巧的敘述結構，實修中二障、三觀、四相、四病、五性乃至二十五定輪的可操作性，更以其流布古典時代東亞漢文化圈的巨大影響力，始終占據著群經關鑰的煊赫地位。

佛教群經多有自許「經中之王」者，如《法華》、《大般涅槃》、《最勝王》：

譬如一切川流，江河諸水之中，海為第一；此《法華經》亦復如是，於諸如來所說經中，最為深大。……又如帝釋，於三十三天中王；此經亦復如是，諸經中王。㉗

善男子！是《大涅槃》，微妙經典，亦復如是。能除一切，眾生惡業、四波羅夷、五無間罪。若內若外，所有諸惡，諸有未發，菩提心者。因是則得，發菩提心。何以故？是妙經典，諸經中王。㉘

所謂微妙《金光明》，諸經中王最第一。㉙

㉗ 龜茲鳩摩羅什譯，《妙法蓮華經》（《嘉興藏》，東京：東京大學總合圖書館藏），第六卷，頁26b、27a。

㉘ 中天竺曇無讖譯，《大般涅槃經》（《大正藏》），第九卷〈如來性品〉，頁三七四上。

㉙ 唐義淨譯，《金光明最勝王經》（《大正藏》），第九卷〈善生王品〉，頁六六五中。

仿此，筆者認為，若稱《圓覺》為東亞漢傳佛教的「經中之睛」，亦得之矣。

六、結論

舉凡《圓覺經》之結構、善本、注疏、文體乃至東亞古典時代地位之諸問題，筆者本文嘗試給出以下回答：《圓覺經》當依三分科經，判為〈序〉、〈正宗〉、〈流通〉三分。〈正宗分〉十二菩薩，各有明確身分、功能，即文殊師利之智慧，普賢之力行，普眼之體察，金剛藏之信念，彌勒之慈悲，清淨慧之潔淨，威德自在之威嚴仁德的調和，辯音之辨別，淨諸業障之除滅，普覺之療癒，圓覺之徹悟，賢善首之功德。十二菩薩出場之先後，存在謹嚴的敘事邏輯。《圓覺經》出現於初唐、武周之際，存世最早本是巴黎國圖的敦煌殘卷，乃敦煌文獻中僅見的《圓覺經》文本，寫於唐代宗大曆元年（西元七六六年）。其存世最善本是北京國圖的《圓覺藏》本，刻於南宋高宗紹興元年（西元一一三一年）。《圓覺藏》本《圓覺經》兩次補版。其首次，在南宋理宗淳祐十年（西元一二五〇年）。該本鐮倉時代後宇多天皇建治元年（西元一二七五年）東渡日本，江戶時代東山天皇元祿九年（西元一六九六年）二次補版。該本清末由楊守敬購回，實「古逸叢書」之一種。此外，早於《圓覺藏》本的某一《圓覺經》足本，曾分別潛流於日本和高麗王朝。《圓覺經》東亞古典時代注本眾多，翹楚有三而各具特色。其一，中唐宗密《圓覺經略疏》綰合華嚴、禪宗兩端。其二，南宋孝宗

《御注圓覺經》以純禪立場釋經。其三，朝鮮王朝初期禪僧涵虛《圓覺經解》使用本校法，提出迥異的經文見解。從文體結構角度看，〈正宗〉各分的首、次段皆有固定格式，必是菩薩請問，而後佛陀稱許，再予開釋。十二菩薩可分為六對，每對皆有標誌詞。所有佛陀回答，皆以「善男子」三字為遞進標誌。初盛唐之交的「四言體」決定了《圓覺經》通篇採用的句讀規則。北宋郭印提出「佛教四書」概念，刺激南宋朱熹以「儒家四書」應戰。晚明欽定「儒家十三經」，又激起清末吳坤修甄選「釋氏十三經」以回應。漫長的儒佛經典博弈過程，一卷之薄的《圓覺經》從未缺席，堪稱東亞漢傳佛教的「經中之睛」。

凡例

一、關於底本：

(一)《湖州思溪圓覺藏》本：

1.約南宋高宗紹興元年（西元一一三一年）刊（《千字文》「可」字函）於湖州南潯圓覺禪院。

2.南宋理宗淳祐十年（西元一二五〇年）補（「本寺《大藏》經板，伏蒙安撫大資相公趙給錢贖過此經，兩序及諸經板字損失者，重新刊補，務在流通佛教，利益群生。淳祐庚戌良月圓日，主持釋清穆謹誌。」）❶。

---

❶ 清・楊守敬《日本訪書志》卷一五「《大藏經》五千七百四十卷（宋槧本）」條：「宋理宗嘉熙三年安吉思溪法寶資福禪寺所刊。是《經》日本有兩部，一藏近江國菅山寺，一藏山城國天安寺，此即天安寺本也。自『天』字起至『最』字止，凡五千七百四十卷，間有鈔補，係元祿九年以菅山寺本照錄重修，不知何時又缺六百餘卷。余在日本，有書估為言欲求售之狀，適黎星使方購佛書，即囑余與議之，價三千元，以七百元作定金立約，期三月付書。及逾期而書不至，星使不能待，以千元購定日本翻明本。久之書至，星使以過期不受，欲索還定金，書估不肯退書，難以口舌爭。星使又不欲以購書事起公牘，囑余

3.日本東山天皇元祿九年（西元一六九六年）重修（「元祿九年丙子二月日重脩，山城州天安寺法金剛院置」）。

4.日本山城州（今京都府南）天安寺法金剛院、楊守敬（卷首「星吾東瀛訪古記」朱文長方形印）、松坡圖書館（卷首「松坡圖書館藏」朱文長方形印）舊藏，今北京中國國家圖書館藏。

(二)《卍大日本續藏經》所收〈圓覺經佚文〉，松本文三郎舊藏：「余嚮偶獲古宋本《大方廣圓覺修多羅了義經》下卷一帖，一紙廿行，行十二字。經末有『左藏庫西潘閬巷（一行）內李三二郎印行（二行）』之記。今撿尋其文，『汝善男子，當護來世，是修行者，無令惡魔，及諸外道，惱其身心，令生退屈』之下，有『爾時世尊（乃至）無令生退屈』等一百一十三言。此現存諸藏本所無也。按此經文，圓覺會中有十二菩薩，各從座起發法問，佛亦各答之之事。而經先以長行詳述，而後以偈重說之。然至於敘最後起座，賢善首菩薩與佛問答，唯有長行而無偈，文體既不一，乃其為誤脫可知耳。今為看舊藏經者，具錄其文于左云爾。明治辛亥歲（西元一九一一年）十二月松本文識。」以

受之，而先支薪俸以償。余以此書宋刻，中土久無傳本，明刊南、北《藏》本，兵燹後亦十不存一，況明本魯魚豕亥不可枚舉，得此以訂訛鋤謬，不可謂非鴻寶，迺忍痛受之。缺卷非無別本鈔補，以費繁而止。且此書之可貴，以宋刻故也。書至六七千卷，時至六七百年，安能保其毫無殘闕，此在真知篤好者，固不必徇俗人之見以不全為恨也。」

校〈正宗分十二・賢善首菩薩〉部分內容。

二、關於校本：

(一)唐敦煌寫本《圓覺經》（伯希和三〇二四—〇三號，巴黎法國國家圖書館藏）❷。以校〈正宗分六・清淨慧菩薩〉部分內容。

(二)《趙城金藏》本《圓覺經》（簡稱《金藏》），西元一一四九年版，北京中國國家圖書館藏。

(三)《高麗大藏經》本《圓覺經》（簡稱《高麗藏》），高麗大藏經研究所藏。

三、關於結構：判為三分，第一部分〈序分〉，第二部分〈正宗分〉，包括十二位菩薩輪流問法，第三部分〈流通分〉❸。

《圓覺經》科判
1
序分

❷ 宗密述：《大方廣圓覺經大疏》，明萬曆三十五年（西元一六〇七年）杭州徑山寺版，收入《明嘉興大藏經》冊十八，頁六三五—七一二，臺北：新文豐出版公司，西元一九八七年。

❸ 據宋拓本《圭峰禪師碑》（東京：二玄社，據三井文庫藏本影印，西元一九九一年）：「初在蜀，因齋次受經，得《圓覺》十三章，深達義趣，遂傳《圓覺》。」此碑為唐裴休（西元七九一—八七〇年）於大中九年（西元八五五年）撰，柳公權（西元七七八—八六五年）篆額，後於陝西鄠縣草堂寺出土，是今見宗密最早的傳記文本。

2												3
正宗分：十二菩薩依次問法												流通分
1	2	3	4	5	6	7	8	9	10	11	12	
文殊師利	普賢	普眼	金剛藏	彌勒	清淨慧	威德自在	辯音	淨諸業障	普覺	圓覺	賢善首	

四、關於翻譯：

(一)盛唐智昇（生卒年不詳）《開元釋教錄》（開元十八年，西元七三〇年）卷九最早著錄此經：「沙門佛陀多羅，唐云覺救，北印度罽賓人也，於東都白馬寺譯《圓覺了義經》一部。此經近出，不委何年，且隆道為懷，務甄詐妄，但真詮不謬，豈假具知年月耶？」

(二)中唐宗密《圓覺經大疏》卷上之二：「北都藏海寺道詮法師《疏》又云：『羯濕彌羅三藏法師佛陀多羅，(武周)長壽二年龍集癸巳（西元六九三年），持於梵本，方至神都，於白馬寺翻譯，四月八日畢。其度語、筆受、證義諸德，具如別錄。』不知此說，本約何文？素承此人，學廣道高，不合孟浪。或應國名無別，但梵音之殊。待更根尋，續當記載。」

(三)宗密《圓覺經大疏釋義鈔》卷四：「余又於豐德寺難經中見一本《圓覺經》。年多虫食，悉已破爛，經末兩三紙，纔可識辨。後云『貞觀二十一年（西元六四七年），歲次丁未，七月乙酉朔十五日己亥，在潭州寶雲道場譯了，翻語沙門羅睺曇捷，執筆弟子姜，道俗證義大德智晞注紘慧今寶證道脉。』然未詳真虛。或恐前已曾譯，但緣不能聞奏，故滯於南方，不入此中之藏。不然者，即是詐謬也。」

五、關於參考注釋：

(一)唐圭峰宗密（西元七八〇—八四一年）注：《大方廣圓覺修多羅了義經略疏》二卷（簡稱《略疏》）。山西省洪洞縣廣勝寺金熙宗皇統九年（西元一一四九年）《趙城金藏》版（殘），北京：中國國家圖書館藏；明嘉靖十一年（西元一五三二年）版，北京：中國國家圖書館藏。

(二)南宋孝宗趙昚（西元一一二七—一一九四年）注：《御注大方廣圓覺修多羅了義經》二卷（簡稱《御注》）。江戶時代寬永十七年（西元一六四〇年）京都中野是誰版，東京：東京大學總合圖書館渡部文庫、國立國會圖書館藏。據卷末原刊記「三山陳暘同陳昕刊」。筆者案：三山為宋代福州舊稱，故江戶版底本可能為南宋福州版。

(三)朝鮮時代涵虛己和（함허 득통，西元一三七六—一四三三年）注：《大方廣圓覺修多羅了義經解》（원각경소）三卷（簡稱「涵虛《解》」）。高宗十九年（西元一八八二年）版，首爾：首爾大學奎章閣韓國學研究院藏。

(四)明憨山德清（西元一五四六—一六二三年）注：《大方廣圓覺修多羅了義經直解》二卷（簡稱「憨山《直解》」）。明天啟二年（西元一六二二年）新安程夢暘版，收入《徑山藏》冊一四三，北京：中國國家圖書館，西元二〇一六年。

(五)柳田聖山（西元一九二二—二〇〇六年）譯注：《円覚経》，東京：筑摩書房，西元一九八七年。

(六)張保勝譯注：《圓覺經》，高雄：佛光文化事業有限公司，西元一九九六年。

(七)董國柱譯注：《圓覺經》，哈爾濱：黑龍江人民出版社，西元一九九八年。

(八)A. Charles Muller translate: *The Sutra of Perfect Enlightenment: Korean Buddhism's Guide to Meditation*（*with Commentary by the Sŏn Monk Kihwa*), Albany: State University of New York Press, 1999.

(九)荊三隆譯注：《圓覺經新解》，西安：太白文藝出版社，西元二〇〇七年。

(十)徐敏譯注：《圓覺經》，北京：中華書局，西元二〇一〇年。

六、關於引用佛教古典籍的時代及其版本：

鑑於宗密所用的《圓覺經》應即武周長壽二年（西元六九三年）的漢譯本，故該經可設定為初唐典籍。緣此，為更周延地闡釋該經名相及其思想，本注所引佛教古典籍，盡量限定在長壽二年之前，以示佛陀多羅譯經中的語彙及觀念之其來有自，並特別暗示其中的思想史脈絡與定位。

經題

大方廣❶圓覺❷修多羅❸了義❹經

【注釋】❶大方廣　唐玄奘（西元六〇二－六六四年）永徽四、五年（西元六五三－六五四年）譯《阿毘達磨順正理論》卷四四：「言方廣者，謂以正理，廣辯諸法，以一切法，性相眾多，非廣言詞，不能辯故。」❷圓覺　圭峰宗密（西元七八〇－八四一年）《大方廣圓覺修多羅了義經略疏》卷首裴休〈序〉：「統眾德而大備，爍群昏而獨照，故曰圓覺。其實，皆一心也。背之則凡，順之則聖。迷之則生死始，悟之則輪迴息……終日圓覺，而未嘗圓覺者，凡夫也。欲證圓覺，而未極圓覺者，菩薩也。具足圓覺，而住持圓覺者，如來也。」（《嘉興藏》，卷首，頁1a-b）❸修多羅　梵語 sūtra 音譯，意譯線經，簡稱經，表示佛陀所說教法如同絲線，能貫穿一切義。❹了義　梵語 nītārtha 意譯。直接、完全、徹底地盡述佛法的奧義。其反面是「不了義」，即順應有情眾生有限的理解程度，不直接、不完全、不徹底地描述或譬喻佛法的奧義，以漸次方便的方式引導說明。盛唐菩提流志（西元？－七二七年）譯《大寶積經》卷五二：「若諸經中，有所宣說，厭背生死，欣樂涅槃，是不了義。若有宣說，生死涅槃，二無差別，是名了義。」（《大正藏》，第三一〇種，頁三〇四，中欄）

【語　譯】至大至正至為鴻富的講述關於圓滿覺悟的能貫穿一切道理的達於終極境界的經典

唐罽賓❶沙門佛陀多羅❷譯

【注　釋】❶罽賓　西域古國名，今喀什米爾地區。❷佛陀多羅　南朝梁慧皎（西元四九七—五五四年）《高僧傳》卷三〈譯經下〉有關「佛馱多羅」一段，僅提及其「譯出《觀世音受記經》」一種，不及《圓覺經》。又北宋贊寧（西元九一九—一〇〇一年）《宋高僧傳》卷二〈唐洛京白馬寺覺救傳〉云：「釋佛陀多羅，華言覺救。……救之行迹，莫究其終。大和中（西元八二七—八三五年），圭峰密公著《疏》判解，經本一卷，後分二卷，成部續又為《鈔》，演暢幽邃，今東京、太原、三蜀盛行講演焉。」

【語　譯】大唐帝國以西，古罽賓國僧人佛陀多羅所譯

序分

【分　旨】開宗明義，直接點出圓覺本性即在自心，無論諸佛、眾生於此點皆平等不二，而所謂淨土即在自心。並開列十二菩薩，為其後敷陳全經之結構，開啟序幕。

如是我聞❶：一時❷婆伽婆❸，入於神通❹，大光明藏❺，三昧正受❻，一切如來❼，光嚴住持❽，是諸眾生❾，清淨覺地❿。身心寂滅⓫，平等本際⓬，圓滿十方⓭，不二隨順⓮，於不二境⓯，現諸淨土⓰。

【注　釋】❶如是我聞　「我聞如是」的倒裝，將賓語「如是」前置，是強調此刻之講授，僅為轉述當日佛陀所言，而非講者自述，以暗示讀者，後文之可信。「我」指當日的聽者和此處的講著，即佛陀弟子中號稱「多聞第一」的阿難。當日佛滅度前，阿難曾請教佛陀「一切經首，當置何字？」佛答當置「如是我聞，一時佛在某方、某叢林等」。參隋淨影慧遠（西元五二三—五九二年）《大般涅槃經義記》卷一。❷一時　即某時。北魏菩提流支（生卒年不詳，約六世紀）譯《金剛仙論》卷一：「既曰我聞，說必有時，故次云一時。然時有多種，或有一念時，有日夜時，有百年時，有一劫時，有春秋冬夏時。今言一時者，非此等時（中略）。雖言一時，不云某年某月某日說，故不知何時也。」（《大正藏》，第一五一二種，頁八〇一，上欄）❸婆伽婆　梵語 bhagavat 音譯，又作薄伽梵，意譯有德、世尊，即具備眾德而為世所尊重，古印度通常尊稱神仙、貴人亦用婆伽婆，此處乃佛之尊稱。❹神通　因修習禪定而得的無礙自在、不可思議之作用，包括神足、天眼、天耳、他心、宿命之五神通。《四分律》卷三一：「修習禪定，獲五神通。」《妙法蓮華經》卷一：「深修禪定，得五神通。」❺光明藏　光明之寶庫，完善含藏之地，指如來的身體，亦指有情自己的本心即自性，此處指佛陀講法時的所在。❻三昧正受　三昧即正受，前者音譯，後者意譯，其結構為梵漢對舉。三昧，梵語 samādhi 之音譯，即將心止於一境使不散亂的禪定狀態。所謂「正受」，遠離邪想為正，領受所緣之境為受，即三昧之異名，唐善導（西元六一三—六八一年）《觀無量壽佛經疏》卷一〈玄義分〉云：「言正受者，想心都息，緣慮並亡，三昧相應，名為正受。」（《大正藏》，第一七五三種，頁二四七，下欄）❼一切如來　一切即十方三世之全部。如來，梵語 tathāgata 意譯，即「如實而來」之簡稱，「如」為依據，「如實」即依據真理，故如實而來，即云諸佛均依據真理而來，進而以此動作或曰事實而代指諸佛。❽光嚴住持　光明莊嚴地久住護持。此處與前句之「入」字相呼應。❾眾生　梵語 sattva 意譯，即有情、含識，原指世間迷者。南朝劉宋求那跋陀羅（西元三九四—四六八年）譯《雜阿含經》卷六：「佛告羅陀：於色，染著纏綿，名曰眾生。於受想行識，染著纏綿，名曰眾生。」（《嘉興藏》，頁 9a）❿清淨覺地　既云「清淨覺地」，則此《圓覺經》中之「眾生」已轉而具有大乘佛教如來藏學派流行之後賦予的新含義，即一切眾生本來具有清淨本性，此處之「覺地」即眾生之自心。⓫寂滅　《增一阿含經》卷二三：「汝既不聞如來說偈乎？一切行無常，生者必有死。不生必不死，此滅最為樂。」度脫生死，就能遠離迷惑，進入寂靜的安穩世界，此一狀況即寂滅。⓬平等本際　本際，梵語 koṭi 意譯，指過去時間的邊際，轉指事物的原點、原因，即絕對平等之理體——真如本性或曰圓覺。緣在此一真如本性、圓覺之上，眾生並無高下深淺之差別，故云「平等」。⓭十方　梵語 daśa-diśāni 意譯。四方（東西南北）、四維（東南、西南、東北、西北）、上下的總稱。⑭不二隨順　宗密《大疏》以此句為「隨順不二」之倒裝。隨順，順從而不拂逆。不二，離於兩邊，超越分別，亦即真如本性或曰圓覺之別名，與前句之「平等」相呼應。⑮不二境　清淨、圓覺之自心，即前述之「清淨覺地」。⑯淨土　菩提修造而成的清淨世界，為佛所居，與之相對的是眾生所居，因其充滿煩惱，故稱「穢土」。淨土可現於十方三世，如阿彌陀佛之西方極樂世界、阿閦佛之東方妙喜世界、藥師佛之東方淨琉璃世界。然聯繫上句之「不二境」，則此處之淨土，不假外求，即在自心。

【語　譯】當初我親耳聽聞佛陀之說法，是這樣的：某時，毘盧遮那佛在神通光明的寶藏進入禪定，諸佛亦皆隨之光明莊嚴地進駐此一眾生自心的清淨本覺之地。眾生自心本來度脫生死而寂靜安穩，於真如圓覺之本性上平等無別，順從此一無別的平等本性，即可於自心中顯現淨土。

【箋　疏】大光明藏既是外在的彼岸，也是佛陀與眾生的自心，所以修行就無需向外馳求。同時，因為是大光明藏，據宗密，本經的佛陀是毘盧遮那佛。據淨源，北宋則認為是盧舍那佛。

與大菩薩摩訶薩❶，十萬人俱。其名曰：文殊師利菩薩、普賢菩薩、普眼菩薩、金剛藏菩薩、彌勒菩薩、清淨慧菩薩、威德自在菩薩、辯音菩薩、淨諸業障菩薩、普覺菩薩、圓覺菩薩、賢善首菩薩等，而為上首，與諸眷屬❷，皆入三昧，同住如來，平等法會。

【注　釋】❶大菩薩摩訶薩　「菩薩」為菩提薩埵之簡稱，「菩」即菩提之簡稱，為梵語 bodhi 之音譯，即覺悟，「薩」即薩埵之簡稱，為梵語 sattva 之音譯，即有情眾生，故「菩提薩埵」即覺悟了的有情眾生。「摩訶」為梵語 mahā 之音譯，亦即大。故「大菩薩摩訶薩」即「大菩薩」之繁稱，是對菩薩更尊崇的稱法。❷眷屬　梵語 parivāra 之意譯。眷即親愛，屬即隸屬，合指親近、順從者，文中指諸菩薩之徒眾。

【語　譯】諸佛與眾多菩薩一起，諸菩薩以文殊師利、普賢、普眼、金剛藏、彌勒、清淨慧、威德自在、辯音、淨諸業障、普覺、圓覺、賢善首這十二位為上首，與其徒眾一起進入禪定，同在如來的平等法會之中。

正宗分一・文殊師利菩薩

【分旨】據宗密《略疏》：「文殊師利菩薩，此云妙首，亦云妙吉祥，表信解之智故，亦云妙德，表證智故。文中說本起因地，究真妄以成正解，成就信根故，請問人當此菩薩。」此節以代表「智慧」的文殊菩薩發問，導出佛陀針對「因地法行」的解說。陀羅尼、菩提、涅槃、波羅蜜為梵語音譯，真如、如來藏則為梵語直譯，然以上皆為中國人所難以透徹理解的西化概念，而本經首次大力提倡的圓覺一詞，即上述西化術語之本土化及形象化的重新表達。圓覺，既是果地，亦是因地，故此節實為解說「頓悟」。解說過程中，佛陀藉「空花喻」及「二月喻」解說「無明」，使闡釋更為生動。

於是，文殊師利菩薩❶，在大眾中，即從座起，頂禮佛足❷，右遶❸三帀❹，長跪叉手❺，而白佛言：「大悲❻世尊❼！願為此會，諸來法眾❽，說於❾如來，本起清淨，因地❿法行⓫；及說菩薩，於大乘⓬中，發清淨心⓭，遠離諸病⓮，能使未來，末世⓯眾生，求大乘者，不墮邪見⓰。」作是語已，五體投地，如是三請，終而復始。

【注　釋】❶文殊師利菩薩　梵語 mañjuśrī 音譯，佛陀左脅侍菩薩，代表智慧，德才超群，居諸菩薩之首，故又稱「法王子」。❷頂禮佛足　以兩膝、兩肘及頭之五體投地，以頭頂承接所禮者之雙足，以示禮敬之極。❸右遶　從左向右順時針繞中央尊位旋轉，表達敬意。❹三帀　表示禮敬三尊，並以期斷滅三毒。帀，通行本作「匝」，今據宋刻本改。❺叉手　合掌交叉兩手之指頭，又稱金剛合掌。西晉竺法護譯（永嘉二年，西元三〇八年）《普曜經》卷二〈降神處胎品第四〉：「叉手十指為禮。」（《大正藏》，第一八六種，頁四九〇，中欄）❻大悲　梵語 mahā karuṇā 意譯，即不認眾生受苦而欲救拔之的悲憫心。❼世尊　即前〈序分〉中「婆伽婆」之意譯。❽法眾　隨順佛法之徒眾，為出家「五眾」（比丘、比丘尼、式叉摩那、沙彌、沙彌尼）之總稱。本經其後〈正宗分六・清淨慧菩薩〉中，又有云：「願為諸來，一切法眾，重宣法王，圓滿覺性。」❾說於　對於……進行解說。❿因地　直譯即「因」這一位置，與「果地」對稱：未證得悟境者在因地，如眾生；已證得悟境者在果地，如佛陀。盛唐般剌蜜諦譯（中宗神龍元年，西元七〇五年）《楞嚴經》卷五：「我本因地，以念佛心，入無生忍。」（《高麗藏》，頁 14b）此處文殊菩薩請教「因地法行」，即請佛陀指教如何修行的方法路徑。⓫法行　方法、行儀。⓬大乘　梵語 mahāyāna 意譯，音譯「摩訶衍那」，指能將無盡眾生無分別地、完全地從煩惱此岸載至覺悟彼岸的教法。相對於此的是「小乘」。佛陀入滅一段時間之後，一個新的佛教思想、教派興起，自稱「大乘」，而將與之不同的原始佛教、部派佛教貶稱為「小乘」。⓭清淨心　後秦龜茲國鳩摩羅什（西元三四四—四一三年）譯《金剛般若波羅蜜經》不分卷：「諸菩薩摩訶薩，應如是生清淨心，不應住色生心，不應住聲、香、味、觸、法生心。」（《嘉興藏》，頁 6b）⓮諸病　貪嗔癡慢四種邪見。唐玄奘譯《大般若波羅蜜多經》卷三三二：「諸有情具身心病。身病有四……心病亦四，一者貪病，二者瞋病，三者癡病，四者慢等諸煩惱病。」（《嘉興藏》，頁6a）⓯末世　梵語 saddharma-vipralopa 意譯為「末法」，即正法絕滅。故正法絕滅的世代，即末世。⓰邪見　梵語 mithyā-dṛṣṭi 意譯，直譯為不正確的見解，為正見的反義。

【語　譯】此時，文殊師利菩薩便從圍坐的徒眾中站起身來，五體投地，以頭頂禮佛足，自右向左繞佛行走三圈，長跪叉手，向佛求告：「世間最悲憫的尊者！懇請您為來此法會的徒眾講解：首先，如來您當初未悟之時，是如何憑藉本來的清淨心進入悟境的呢？其次，我等菩薩怎樣在救度眾生的大乘教法中，秉持無執著的清淨本心，遠離貪嗔癡慢等諸種心病，從而引導未來處於末法時代而希望求取大乘教法的滾滾蒼生，不落入偏執見解的陷阱之中呢？」提完這些問題，文殊菩薩再次五體投地禮敬佛陀，如此重複了三次，求請佛陀的解答。

尒時世尊，告文殊師利菩薩言：「善哉❶善哉！善男子❷！汝等乃能，為諸菩薩，諮詢如來，因地法行，及為末世，一切眾生，求大乘者，得正住持❸，不墮邪見。汝今諦聽❹，當為汝說。」時文殊師利菩薩，奉教歡喜，及諸大眾❺，默然而聽。

【注　釋】❶善哉　梵語 sādhu 意譯，音譯「娑度」，意為「契合我意」。盛唐義淨（西元六三五—七一三年）

譯《根本說一切有部百一羯磨》卷一：「娑度：譯為善，凡是作法了時，及隨時白事，皆如是作，若不說者，得越法罪。」（《嘉興藏》，頁1a）《左傳・昭公十六年》宣子曰：「善哉！子之言是。」❷善男子　梵語 kula-putra 意譯。持五戒之男子。南朝劉宋求那跋陀羅（西元三九四－四六八年）譯《雜阿含經》卷三七：「云何為善男子？謂不煞生乃至正見，是名善男子。」（《高麗藏》，第三六張）❸得正住持　得到正法，住於禪定，護持佛法。❹諦聽　梵語 śravaṇa 意譯。意為仔細地用心聆聽，屬於受持經典的十種規定方式之一。❺大眾　梵語 mahā-saṃgha 意譯。即多數的眾人，通常指比丘、比丘尼因聽法而匯聚一處。

【語　譯】這時，佛陀便教導文殊師利菩薩：「好啊好啊！信佛聞法而持戒行善的男兒！你們竟能為諸位菩薩以及末世百姓，向佛陀請教修習菩薩如幻三昧的簡便方法，一步步地讓眾生能夠脫離幻境。現在你好好聽著，我來為你解說。」此時，見如來答允教誨，文殊師利菩薩無盡歡喜，和其他所有大眾安靜聽講。

「善男子！無上法王❶，有大陀羅尼❷門❸，名為圓覺❹，流出一切，清淨真如❺，菩提❻涅槃❼，及波羅蜜❽，教授菩薩。一切如來，本起因地，皆依圓照，清淨覺相，永斷無明❾，方成佛道。云何無明？

【注　釋】❶法王　曹魏嘉平四年（西元二五二年）康居國僧鎧譯《無量壽經》卷下：「佛為法王，尊超眾聖，普為一切，天人之師，隨心所願，皆令得道。」（《高麗藏》，第一三張）❷陀羅尼　梵語 dhāraṇī 音譯，意譯「真言」、「密語」、「總持」、「咒」、「明」，為菩薩、護法、佛弟子所通用的一種音聲語言，其超越時空而真實不變，密藏諸佛之慈悲願力，總一切法而持無量義，持誦者可得諸佛祝願加持，而淨化身、口、意三業，發出光明。❸門　即門徑、通路。唐賢首法藏（西元六四三－七一二年）《大乘起信論義記》卷中：「軌生物解曰法，聖智通遊曰門。」❹圓覺　圓滿的覺性。如來所證之理性，圓滿周備，靈明朗然。一切有情皆有本覺、真心，自無始已來常住清淨，就體而言，稱一心；就因而言，稱如來藏；就果而言，稱圓覺。與真如、佛性、法界、涅槃、菩提等同一。中唐裴休（西元七九七－八七〇年）《大方廣圓覺修多羅了義經略疏・序》：「統眾德而大備，爍群昏而獨照，故曰圓覺。其實，皆一心也。背之則凡，順之則聖。迷之則生死始，悟之則輪迴息……終日圓覺，而未嘗圓覺者，凡夫也。欲證圓覺，而未極圓覺者，菩薩也。具足圓覺，而住持圓覺者，如來也。」（《嘉興藏》，卷首，頁 1a–b）❺真如　梵語 bhūta-tathatā 直譯，又譯如實、如如，意譯法性，即萬物的真實本質，是讓事物如同它存在一般的存在，呈現它本來應該具備的本性。唐玄奘譯（高宗顯慶四年，西元六五九年）《成唯識論》卷九：「真謂真實，顯非虛妄；如謂如常，表無變易。謂此真實，於一切位，常如其性，故曰真如。」（《大正藏》，第一五八五種，頁四八，上欄）❻菩提　梵語 bodhi 音譯，意譯覺悟、道，指對於四聖諦進行思惟之後，所獲得的智慧。唐賢首法藏（西元六四三－七一二年）著，北宋淨源（西元一〇一一－一〇八八年）類解《華嚴金師子章雲間類解》：「菩提，此云道也，覺也，翻梵從華。」（《嘉興藏》，帙二二一，冊二）南朝劉宋求那跋陀羅（西元三九四－四六八年）譯《雜阿含經》卷一五：「佛住波羅奈鹿野苑中仙人住處。爾時，世尊告五比丘：『此苦聖諦，本所未曾聞法，當正思惟。時，生眼智明覺，此苦集、此苦滅、此苦滅道跡聖諦，本所未曾聞法，當正思惟。時，生眼智明覺。』」（《高麗藏》，第三四張）❼涅槃　梵語 Nirvāṇa 音譯，意譯解脫。❽波羅蜜　巴利文 Pāramī 音譯，意譯度、到彼岸，從生死的此岸因佛法而救度至涅槃解脫的彼岸。❾無明　梵語 Avidyā 音譯，由於看不到或不了解（世間萬物都是緣起性空的真相）而造成的愚昧。唐玄奘譯（高宗顯慶元年，西元六五六年）《阿毗達摩大毗婆沙論》卷二五：「無明是何義？答：不達、不解、不了，是無明義。」

【語譯】「信佛聞法而持戒行善的男兒！作為天上地下一切生靈的老師，我會幫你打開那扇通向真理的大門，有人稱它為陀羅尼真言，我也稱它為圓覺，它通向眾生自在無礙的清淨本性，通向菩提智慧、涅槃解脫，通向名為波羅蜜的終極彼岸。世間一切諸佛，其在未悟蒙昧的起步階段，都是憑藉對此圓滿光明的清淨覺悟的理解，才永遠斷滅暗昧愚癡，成就了佛果境界的。那麼，什麼是我所說的暗昧愚癡呢？

「善男子！一切眾生，從無始❶來，種種顛倒❷，猶如迷人，四方易處。妄認四大❸，為自身相，六塵❹緣❺影，為自心相；譬彼病目，見空中花❻，及第二月❼。

【注釋】❶無始　梵語anādi-kāla意譯，即一切萬事萬物尚未創生之時。隋吉藏（西元五四九—六二三年）《勝鬘寶窟》（文帝開皇十八年，西元五九八年）卷中之末：「無始者。即是顯因也。若有始則有初。初則無因。以其無始。則是有因。所以明有因者。顯佛法是因緣義。……無始者有二釋……無明最在初，實錄有始，但無有一法在此前者，故言無始也。」（《大正藏》，第一七四四種，頁五二，上、中欄）❷顛倒　違背常理。北涼曇無讖譯（玄始十年，西元四二一年）《大般涅槃經》卷二：「苦者計樂，樂者計苦，是顛倒法。無常計常，常計無常，是顛倒法。無我計我，我計無我，是顛倒法。不淨計淨，淨計不淨，是顛倒法。

有如是等，四顛倒法，是人不知，正修諸法。」（《高麗藏》，第二四、二五張）❸四大　四大種之省稱。大種，梵語 Mahābhūta 意譯，構成世界的基本元素。分為四種，地、水、火、風。佛教以其為構成一切物質的基本元素，包含山川大地及有情身體，皆為四大構成。❹六塵　六根（眼耳鼻舌身意）所對取之六境（色聲香味觸法）。六境如塵埃，能汙染人之情識，故又稱六塵；能引人迷妄，故又稱六妄；能令善衰滅，故又稱六衰；能劫持一切善法，故又稱六賊。❺緣　攀緣之省稱。攀緣，梵語 ālambana 意譯，攀取緣慮，心執著於某一對象。後秦龜茲國鳩摩羅什譯《維摩詰經》卷中〈文殊師利問疾品第五〉：「何謂病本？謂有攀緣。從有攀緣，則為病本。」唐中天竺般剌蜜諦譯（中宗神龍元年，西元七〇五年）《楞嚴經》卷一：「用攀緣心為自性。」❻空中花　中唐般若、利言譯（貞元四年，西元七八八年）《大乘理趣六波羅蜜多經》卷一〇：「如人目有瞖，妄見空中花。」❼第二月　中唐不空譯（代宗永泰元年，西元七六五年）《仁王護國般若波羅蜜多經》卷上：「有無一異，如第二月，諸法緣成；蘊處界法，如水上泡，諸法因成。」

【語譯】「信佛聞法而持戒行善的男兒！世間滾滾蒼生，從世間萬物尚未創生之時，便沉溺於種種違背常理的愚昧見解，就好像迷路的人無法辨清東西南北。他們錯誤地認為，自己的身體就是由地水火風這四大元素構成的。進而又錯誤地認為，他們用自己的眼耳鼻舌身意這六種感官所認知的色聲香味觸法這六種外境，其所呈現的繽紛形象都的確是自身心靈的真切認知。這就好像是得了眼病的人，模模糊糊中看到空中幻化出花朵，看到天邊明月之旁竟還有另一團月影。

「善男子！空實無花，病者妄執❶。由妄執故，非唯惑此，虛空自性❷，亦復迷彼，實花生處。由此妄有，輪轉生死❸，故名無明。

【注　釋】❶妄執　違背緣起之理，迷妄的執著實我實法或假名言相。亦即顯現我執、法執之相。南朝真諦譯《大乘起信論》：「計名字相，依於妄執，分別假名言相故。」❷自性　梵語 svabhāva 意譯，即諸法各自具有的真實不變、清純無雜的本性，常住、獨立而不依緣起變化；其外在特徵，則為自相。龍樹造，後秦龜茲國鳩摩羅什（西元三四四－四一三年）譯《中論》：「諸法不自生，亦不從他生。」認為諸法皆由因緣所成，而無有一定之自性，故自性即空。❸輪轉生死　梵語 Saṃsāra 意譯，即通常所說的輪迴。眾生因不理解生命真諦，故產生種種煩惱而無法徹底斷滅。帶著這些無法斷滅的煩惱，眾生只能在六趣（天、阿修羅、人間、畜生、餓鬼、地獄）中，以不同的生命形態及面目不斷地出生、死亡，好像在車輪中運行，沒有終點，只能不斷地回到起點。

【語　譯】「信佛聞法而持戒行善的男兒！毫無疑問，空中本來並沒飄散什麼花朵，那所見到的不過是眼病之人虛妄的認知。世人正是執迷於這種虛妄的認知，才不僅沒法看清其本來擁有的虛靈空淨的本性，而且更進一步虛妄地認為，那空中的確有個什麼地方生出了本不存在的花朵。也正是因為這種對於虛幻存在的迷妄執著，無知眾生只能在六道之中生死沉浮，無法自拔——這就是我所說的無明。

「善男子！此無明者，非實有體。如夢中人，夢時非無，及至於醒，了無所得；如眾空花，滅於虛空，不可說言，有定滅處。何以故？無生處故。一切眾生，於無生❶中，妄見生滅，是故說名，輪轉生死。

【注釋】❶無生　無生無滅的簡稱。世間萬法的本性是空，所以本來沒有生滅、變化可言。北涼曇無讖（西元三八五－四三三年）譯《大方等大集經》卷一五：「云何菩薩入法界性門？見一切法平等性，若菩薩見諸法界，無處不至，無來無去，無生無滅，無相無起，無戲無行。」

【語譯】「信佛聞法而持戒行善的男兒！上面所說的無明，並非存在著一個什麼實體。這就好像是睡夢中的人，他做夢的時候，那夢中的人物情景無不真真切切，待到一覺醒來，此前的一切便都了無蹤跡。又好像是空中虛幻飄散的花朵，當你意識到那不過是某種假象之時，花朵便瞬間幻滅於虛空，然而這時你也並不能說，的確存在一個什麼地方，之前的花朵就是在那個地方幻滅掉的——為什麼這樣說呢？因為本來也並不存在一個所謂的生出花朵的地方啊。無知百姓，在萬法本性無生無滅的空寂中，虛妄地看到不實的生生滅滅。因此我才說，他們只能在生生死死中無盡輪迴。

「善男子！如來因地，修圓覺者，知是空花，即無輪轉，亦無身心，受彼生死。非作故無，本性無故。彼知覺❶者，猶如虛空，知虛空者，即空花相。亦不可說，無知覺性。有無俱遣❷，是即名為，淨覺隨順。何以故？虛空性故；常不動故；如來藏❸中，無起滅故，無知見❹故；如法界❺性，究竟❻圓滿，遍十方故：是則名為，因地法行。菩薩因此，於大乘中，發清淨心。末世眾生，依此修行，不墮邪見。」

【注釋】❶知覺　此處的知覺指般若，亦即圓覺；非指「見聞覺知」，即六根緣取六塵而生的種種分別智。因為經中的般若智為性空，故相應地亦表現為相空。❷有無俱遣　永嘉玄覺（西元六六五—七一三年）《永嘉證道歌》：「真不立，妄本空，有無俱遣不空空。二十空門元不著，一性如來體自同。」菏澤神會（西元六八四—七五八年）《神會和尚遺集》：「有無雙遣，境智俱亡。莫作意即自性菩提。若微細心，即用不著。本體空寂，無有一物可得，是名阿耨菩提。《維摩經》云，從無住本，立一切法。菩薩光戒光，亦復如是。自性空寂，無有形相。」❸如來藏　梵語 Tathāgatagarbha 意譯，指於一切眾生之煩惱身中，所隱藏之本來清淨的如來法身。北魏菩提流支譯（西元五一三年）《入楞伽經》卷七：「如來藏識，不生不滅。」❹知見　即前注見聞覺知之省稱。❺法界　即事物本質，與真如、如來藏、圓覺同義。唐玄奘譯《辯中邊論》卷上：「即此中說，所知空性，由無變義，說為真如，真性常如，無轉易故；由無倒義，說為實際，非諸顛倒，依緣事故；由相滅義，說為無相，此中永絕，一切相故；由聖智境義，說為勝義性，是最勝智，所行義故；由聖法因義，說為法界，以一切聖法，緣此生故。此中界者，即是因義。」❻究竟　梵語 uttara 意譯，音譯「鬱多羅」。至高無上、徹底、終極。

【語譯】「信佛聞法而持戒行善的男兒！諸佛在蒙昧未悟之時，修行而了知自身即擁有圓覺本性，因此明白空中之花不過是虛妄幻象，由是而能脫離六道輪迴的困境，亦隨之而了悟自我的身心都是虛幻不實，並沒有什麼實體去承受那些想像出來的生死變化。不是憑藉刻意的造作修為而消滅身心，而是意識到身心的自性原來就是空幻。那圓滿的覺悟之智，正如虛幻空無，把握一切事物本皆空幻的智慧，其外相正如空中的幻化之花。然而又不能反過來認為，人並不具備究極的覺知本性。同時避免落入絕對的存在或不存在這兩種極端，才是所謂的，依從於清淨圓滿的覺悟本心。為什麼呢？因為萬物的本性虛幻空無；因為終極的本質恆常不變；因為在眾生自身蘊藏的如來自性境界之中，沒有所謂生起與斷滅的區別，不存在世俗的知覺見聞；正如因為世界的本質，原是終極圓滿，且遍存於天地間的一切角落。以上便是，如來於未悟之時依靠自性進入悟境的路徑。菩薩便可循此，在救度眾生的大乘教法中，秉持無染的清淨本心。而處於末法時代的眾生，若能依照這一路徑修行，便可不墮入偏執的陷阱。」

尒時世尊，欲重宣此義，而說偈❶言：「文殊汝當知：一切諸如來，從於本因地，皆以智慧覺，了達於無明。知彼如空花，即能免流轉❷，又如夢中人，醒時不可得。覺者如虛空，平等❸不動轉❹，覺遍十方界，即得成佛道。眾幻滅無處，成道亦無得，本性圓滿故。菩薩於此中，能發菩提心❺，末世諸眾生，修此免邪見。」

【注釋】❶偈　特指「祇夜」，梵語 geya 音譯。九部經之一。意為詩歌、歌詠。舊譯為重頌、重頌偈。新譯為應頌。指在經典前段以散文體敘說之後，再以韻文附加於後段者。因其內容與經文相同，故稱重頌、重頌偈或應頌（與經文相應之頌）。❷流轉　梵語 pravṛtti 意譯。與前文的「輪轉生死」及後文的「輪迴」，在本經中皆為同義語，即生生死死相續不斷，輾轉輪迴於三界六道之間，不得超度涅槃。❸平等　梵語 samatā 意譯。指世間萬法雖有表象上的千差萬別，但在共性（空性、圓覺自性）上並無差別，彼此平等不二。❹不動轉　即不動。空性、圓覺自性，常住而不動不變。姚秦筏提摩多譯《釋摩訶衍論》卷三：「性虛空理，有十種義。云何為十？一者無障礙義，諸色法中，無障礙故。二者周遍義，無所不至故。三者平等義，無簡擇故。四者廣大義，無分際故。五者無相義，絕色相故。六者清淨義，無塵累故。七者不動義，無成壞故。八者有空義，滅有量故。九者空空義，離空著故。十者無得義，不能執故。是名為十。」（《大正藏》，第一六六八種，頁六一五，上欄）❺菩提心　梵語 bodhi-citta 音譯與意譯的組合。全稱「阿耨多羅三藐三菩提心」，即追求無上覺悟智慧的志向。

【語譯】那時，世間的尊者想重新闡明上述道理的大義，故以應頌的方式再次唱道：「文殊菩薩你應當知道：世間諸佛在其蒙昧未悟的時候，都是憑藉返視自身擁有的圓滿智慧，而體悟乃至超越了世俗愚昧的。看透日常的幻象如同空中之花，了悟其背後的至理，才能使自身免於六道輪迴的生死困厄。又好像是夢中之人，只有醒來之後才能明白夢中收穫的種種，無非幻象。一旦徹悟圓覺自性正如空性，是世間眾生共有的彼此平等、不動不變的本性，一旦徹悟自身本來擁有遍滿四方、四維乃至上下的光明覺悟，你們便修成佛道了。菩薩憑藉此種圓覺自性，立下追求無上菩提智慧的志向，就可以幫助滾滾紅塵中迷途的眾生，依此修行而免於諸種妄想偏見了。」

正宗分二・普賢菩薩

【分旨】承文殊節講解圓覺性空為萬法之本及如來因地法行的思路，普賢節繼續以代表「行動」的普賢菩薩發問，導出佛陀針對「如幻三昧」修行方法的解說：了知萬法皆幻、自性是空即可頓悟，同時亦無所謂漸次的方便法門，無所謂漸修。故此節實為解說「頓修」而設。此節所用的核心譬喻是「兩木相因，灰飛煙滅」，表達的是能所具泯、不落兩邊的觀念。

於是，普賢菩薩❶，在大眾中，即從座起，頂禮佛足，右遶三帀，長跪叉手，而白佛言：「大悲世尊！願為此會，諸菩薩眾，及為末世，一切眾生，修大乘者，聞此圓覺，清淨境界，云何修行。

【注釋】❶普賢菩薩　梵語 Samantabhadra 音譯三曼多跋陀羅。佛陀脅士，乘白象侍右側。以此菩薩之身相及功德遍一切處，純一妙善，故稱「普賢」。《華嚴經・普賢行願品》卷四〇說普賢菩薩十種廣大行願：禮敬諸佛、稱讚如來、廣修供養、懺悔業障、隨喜功德、請轉法輪、請佛住世、常隨佛學、恆順眾生、普皆迴向。經中一一述此十大願，明其功德無量，臨命終時，得此願引導，往生阿彌陀佛極樂世界。然此十大願為一切菩薩行願之標幟，故亦稱普賢之願海。以此菩薩之廣大行願，一般又稱其為「大行普賢菩薩」。

【語譯】此時，普賢菩薩便從圍坐的徒眾中站起身來，五體投地，以頭頂禮佛足，自右向左繞佛行走三圈，長跪叉手，向佛求告：「悲憫而欲為眾生拔苦的世尊啊！懇請您為此次集會的所有菩薩信眾及末世一切發願修習大乘教法的眾生，再詳細講授該如何修行才能進入這一圓滿覺悟的清淨境界吧。

「世尊！若彼眾生，知如幻❶者，身心亦幻，云何❷以幻，還修於幻？若諸幻性，一切盡滅，則無有心，誰為修行？云何復說，修行如幻？若諸眾生，本不修行，於生死中，常居幻化，曾不了知，如幻境界，令妄想❸心，云何解脫？願為末世，一切眾生，作何方便❹，漸次修習，令諸眾生，永離諸幻。」作是語已，五體投地，如是三請，終而復始。

【注釋】❶如幻　萬法皆虛幻不真，自性是空。後秦龜茲國鳩摩羅什（西元三四四—四一三年）譯《摩訶般若波羅蜜經》卷一〈序品第一〉列舉「十喻」：「解了諸法，如幻、如焰、如水中月、如虛空、如響、如揵闥婆城、如夢、如影、如鏡中像、如化。」如幻，即十喻之第一喻。（《高麗藏》，第一張）❷云何　即如何、以何、怎麼、憑什麼。北涼中天竺國曇無讖（西元三八五—四三三年）譯《大般涅槃經》卷三〈壽命品〉：「云何得長壽，金剛不壞身？復以何因緣，得大堅固力？」❸妄想　梵語 vikalpa 意譯，直譯即出於荒誕想像的錯誤認識。北涼中天竺國曇無讖（西元三八五—四三三年）譯《菩薩地持經》卷二：「以是因緣，起八種妄想，而生三事。一切眾生，器世間增。一者自性妄想，二者差別妄想，三者受積聚妄想，四者我妄想，五者我所妄想，六者念妄想，七者不念妄想，八者俱相違妄想。是名八妄想。」❹方便　即方法、法門、門徑。為誘引眾生入於真實法而權設之法門。即佛菩薩應眾生之根機，而施予化益之種種方法。

【語　譯】「世尊啊，第一個問題：若那些無知眾生了解到萬法皆為空幻的道理了，了解到身體和心靈也都不過是幻覺罷了，那麼他們又怎能憑藉虛幻不實的身心來用功呢？第二個問題：若萬法因其自身虛幻的本性而消滅殆盡了，也就沒有一個所謂的『心』了，那麼大家修行的對象又在哪呢？第三個問題：怎麼又說，即使是『修行』這件事情也是虛幻的呢？若眾生本來談不上所謂的修行，在生與死的流轉變化中無非處於無盡的幻生幻滅而已，從未領悟到周遭的世界不過是虛幻的假象，那麼大家胸中的這顆妄想的心靈，又該如何才能解脫呢？懇請您教導那些身處末世的百姓，告訴他們用怎樣的簡便方法一步步地用功修行，就可以永遠脫離虛幻的苦海了吧。」提完這些問題，普賢菩薩再次五體投地禮敬佛陀，如此重複了三次，求請佛陀的解答。

爾時世尊，告普賢菩薩言：「善哉善哉！善男子！汝等乃能，為諸菩薩，及末世眾生，諮詢如來❶，修習菩薩，如幻三昧❷，方便漸次，令諸眾生，得離諸幻。汝今諦聽，當為汝說。」時普賢菩薩，奉教歡喜，及諸大眾，默然而聽。

【注釋】❶諮詢如來　據各節結構，補「諮詢如來」四字，如此則上下文脈始通貫。❷如幻三昧　因通達一切諸法如幻之理而能變現諸種如幻之事的三昧。菩薩住此三昧，雖以無礙變化廣度眾生，然亦不執著於此種幻化。劉宋曇無竭（生卒年不詳）譯《觀世音菩薩授記經》不分卷：「佛告華德藏菩薩摩訶薩：成就一法，得如幻三昧。得是三昧，以善方便，能化其身，隨眾形類，所成善根，而為說法，令得阿耨多羅三藐三菩提。何等一法？謂無依止，不依三界，亦不依內，又不依外，於無所依，得正觀察。正觀察已，便得正盡，而於覺知，無所損減，以無減心，悉度正慧。謂一切法，從緣而起，虛假而有。一切諸法，因緣而生，若無因緣，無有生法。雖一切法，從因緣生，而無所生。如是通達，無生法者，得入菩薩，真實之道，亦名得入，大慈悲心，憐愍度脫，一切眾生。善能深解，如是義已，則知一切，諸法如幻，但以憶想語言，造化法耳！然此憶想語言，造化諸法，究竟悉空。善能通達，諸法空已，是名逮得，如幻三昧。得三昧已，以善方便，能化其身，隨眾形類，而成善根，而為說法，令得阿耨多羅三藐三菩提。」（《嘉興藏》，頁2a–b）

【語譯】那時，世尊便向普賢菩薩言道：「好啊好啊！信佛聞法而持戒行善的男兒！你們竟能為諸位菩薩以及末世百姓，向佛陀請教修習菩薩如幻三昧的簡便方法，一步步地讓眾生能夠脫離幻境。現在你好好聽著，我來為你解說。」此時，見如來答允教誨，普賢菩薩無盡歡喜，和其他所有大眾安靜聽講。

「善男子！一切眾生，種種幻化，皆生如來，圓覺妙心❶。猶如空花，從空而有，幻花雖滅，空性不壞。眾生幻心，還依幻滅，諸幻盡滅，覺心不動❷。依幻說覺，亦名為幻，若說有覺，猶未離幻，說無覺者，亦復如是。是故幻滅，名為不動。

【注釋】❶妙心　不可思議的心體，即如來藏。依天台宗之判教，別教係以如來之真心為妙心，圓教則直以凡夫之妄心為妙心。❷不動　不遷、不變、不成、不壞。姚秦（西元三八四－四一七年）筏提摩多（生卒年不詳）譯《釋摩訶衍論》卷三：「性虛空理，有十種義。云何為十？一者無障礙義，諸色法中，無障礙故。二者周遍義，無所不至故。三者平等義，無揀擇故。四者廣大義，無分際故。五者無相義，絕色相故。六者清淨義，無塵累故。七者不動義，無成壞故。八者有空義，滅有量故。九者空空義，離空著故。十者無得義，不能執故。」

【語譯】「信佛聞法而持戒行善的男兒！一切眾生所處的種種幻化，都正是從他們自身生來便有的圓滿覺悟的心靈而來。這就像虛幻的花朵，從虛空而生出，花朵的幻象雖隨時皆可幻滅，然而作為本性的虛空卻不會變化分毫。有情眾生無明妄心生起的種種幻覺自會消滅，待諸幻滅盡，眾生本有的覺悟真心仍在那裡，巋然不動——因為所謂妄心，也就是那顆覺心。通過否定虛幻來肯定覺悟，那仍是執著於虛幻，以為它是實在的；而反過來，若說的確有個實在的覺悟，那又等於變相地肯定了虛幻的實有，若說的確有個實在的虛幻，那犯的也仍是一樣的錯誤。因此所謂的斷滅幻化，所指的便是回歸那個無增減生滅的永恆存在。

「善男子！一切菩薩，及末世眾生，應當遠離，一切幻化，虛妄境界；猶❶堅執持，遠離心故，心如幻者，亦復遠離；遠離為幻，亦復遠離；離遠離幻，亦復遠離：得無所離，即除諸幻。譬如鑽火，兩木相因，火出木盡，灰飛烟滅❷。以幻修幻，亦復如是，諸幻雖盡，不入斷滅❸。

【注釋】❶猶　此字包括《嘉興藏》在內的通行本皆誤作「由」，《思溪藏》作「猶」，文意始通。❷灰飛烟滅　古典籍中，《圓覺經》最早使用此一短語，影響後世最顯者，即蘇軾【念奴嬌】〈赤壁懷古〉之「遙想公瑾當年，小喬初嫁了，雄姿英發。羽扇綸巾，談笑間、檣櫓灰飛煙滅」。詞前後又云：「大江東去，浪淘盡、千古風流人物。」「人生如夢，一尊還酹江月。」皆與本經本節「如幻三昧」的觀念一致。❸斷滅　又作斷見，為古印度外道的一種邪見，認為此父母所生之身為四大、六入假合而成，故為無常，死後終歸斷滅。劉宋求那跋陀羅（西元三九四－四六八年）譯《勝鬘師子吼一乘大方便方廣經》不分卷〈顛倒真實章第十二〉：「邊見者，凡夫於五受陰，我見妄想計著，生二見，是名邊見，所謂常見、斷見。見諸行無常，是斷見，非正見；見涅槃常，是常見，非正見。妄想見故，作如是見。於身諸根，分別思惟，現法見壞，於有相續不見，起於斷見，妄想見故。於心相續，愚闇不解，不知剎那間意識境界，起於常見，妄想見故。此妄想見，於彼義若過若不及，作異想分別若斷若常。」（《高麗藏》，第二八張）

【語譯】「信佛聞法而持戒行善的男兒！一切菩薩和身處末世的無明眾生，都應當遠離一切虛幻不實的處境；此外還應當堅持遠離自己的那顆妄心，因為它亦屬虛幻，亦應摒棄；再進一步，即使是『遠離』這件事也是虛幻的，所以亦應摒棄；再進一步，即使是『摒棄遠離』乃至『摒棄虛幻』，這樣的想法和行為仍是執著，仍應摒棄：最後直到在沒有什麼需要遠離摒棄的了，那時所謂的虛幻不實就徹底不存在了。就好像鑽木取火，木幹和燧木相互摩擦而生火，待火焰充分燃燒過後，那時不但兩木燃盡，碳灰與煙塵也在風中消逝無蹤了。普賢所問的『以幻修幻』也就正如這則譬喻所顯示的。然而所有的幻化即使除盡了，人生卻並不就此陷入一無所有的斷絕。

「善男子！知幻即離，不作方便；離幻即覺，亦無漸次。一切菩薩，及末世眾生，依此修行，如是乃能，永離諸幻。」

【語　譯】「信佛聞法而持戒行善的男兒！領會到萬法皆幻的道理，即刻就有摒除遠離的功效，此外並不需要什麼方便法門；而摒棄遠離虛幻的那一刻就將獲得覺悟，所以也沒有所謂的一步步的階段性可言。一切菩薩和身處末世的無明眾生，若能依據我講的此番道理修行，便能永遠斷除虛幻的困擾。」

尒時，世尊欲重宣此義，而說偈言：「普賢汝當知：一切諸眾生，無始幻無明，皆從諸如來，圓覺心建立。猶如虛空花，依空而有相，空花若復滅，虛空本不動。幻從諸覺生，幻滅覺圓滿，覺心不動故。若彼諸菩薩，及末世眾生，常應遠離幻。諸幻悉皆離，如木中生火，木盡火還滅。覺則無漸次，方便亦如是。」

【語　譯】那時，世尊要重新總結上面陳說的道理，於是唱出如下的偈頌：「普賢菩薩你應當知道：一切眾生自無始以來皆因昏暗無明而迷於幻化，而此種無明幻化本來也就是從真如法身的圓滿覺性而生出的。這就如同空中的花朵，種種幻化的相狀亦是源自其虛空本性，空中花朵無論幻化而生抑或幻化而滅，虛空的自性本自歸然不動。也就是說，世間虛幻本來生於覺悟，所以幻象消滅後所呈現的仍是圓滿的覺性自身。諸菩薩和末世眾生常應遠離幻境。摒棄諸幻的過程，正如鑽木取火之後木頭燒盡。覺悟是無需漸進的，故而覺悟的方法階梯亦是如此。」

正宗分三・普眼菩薩

【分　旨】承上一節普賢菩薩為利根人諮詢之頓修頓悟，此節由普眼菩薩，即曾發大慈悲心而誓願普度眾生的千手千眼觀世音菩薩發問，針對「新學菩薩」或曰「初發心菩薩」及鈍根人，諮詢如來如何「漸修行」。如來指出，鈍根人的修行應始於「奢摩他行，堅持禁戒，宴坐靜室」，即靜慮而漸次思維身空、心空、法空、空空，終入不二境界。此節實為解說「漸修」而設。繼而，節末依次描述了最終達至「四法界」而事事無礙的終極境界。體現了北宗禪與華嚴宗的融攝。

於是，普眼菩薩❶，在大眾中，即從座起，頂禮佛足，右遶三帀，長跪叉手，而白佛言：「大悲世尊！願為此會，諸菩薩眾，及為末世，一切眾生，演說菩薩，修行漸次，云何思惟？云何住持？眾生未悟，作何方便，普令開悟？

【注　釋】❶普眼菩薩　即觀世音菩薩。唐西印度伽梵達摩（生卒年不詳）譯《千手千眼觀世音菩薩廣大圓滿無礙大悲心陀羅尼經》不分卷：「觀世音菩薩重白佛言：世尊！我念過去，無量億劫，有佛出世，名曰千光王靜住如來。彼佛世尊，憐念我故，及為一切，諸眾生故，說此『廣大圓滿無礙大悲心陀羅尼』。以金色手，摩我頂上，作如是言：善男子！汝當持此心咒，普為未來惡世，一切眾生，作大利樂。我於是時，始住初地，一聞此咒故，超第八地。我時心歡喜故，即發誓言：若我當來，堪能利益、安樂一切眾生者，令我即時，身生千手、千眼具足。發是願已，應時身上，千手千眼，悉皆具足；十方大地，六種震動；十方千佛，悉放光明，照觸我身。」（《嘉興藏》，頁4a–b）

【語　譯】此時，普眼菩薩從徒眾中的座位站起身來，五體投地而頭觸佛足，起身順向右繞佛陀三周，長跪叉手稟告佛陀：「悲憫而欲為眾生拔苦的世尊啊！懇請您為此次集會的所有菩薩信眾及末世一切發願修習大乘教法的眾生，再詳細講解菩薩修行的路徑階梯吧。該如何更好地理解它？而一旦升入終極境界又該如何更好地保持？未悟的芸芸眾生，有沒有什麼方便法門，能夠讓他們都得到開悟呢？

「世尊！若彼眾生，無正方便，及正思惟，聞佛如來，說此三昧，心生迷悶，則於圓覺，不能悟入。願興慈悲，為我等輩，及末世眾生，假說方便。」作是語已，五體投地，如是三請，終而復始。

【語譯】「世尊！我的問題尤其針對的是那些無法掌握正確方法，也無力進行正確思考的人，他們即使聽過佛陀講解了如幻三昧的精義，心中仍舊充塞迷茫，未能悟入圓覺境界。懇請佛陀開啟慈悲的胸懷，權且為我們及末世的愚昧眾生，指明一條易行路徑吧。」提完這些問題，普眼菩薩再次五體投地禮敬佛陀，如此重複了三次，求請佛陀的解答。

尒時世尊，告普眼菩薩言：「善哉善哉！善男子！汝等乃能，為諸菩薩，及末世眾生，問於如來，修行漸次，思惟住持，乃至假說，種種方便。汝今諦聽，當為汝說。」時普眼菩薩，奉教歡喜，及諸大眾，默然而聽。

【語譯】那時，世尊便向普眼菩薩言道：「好啊好啊！信佛聞法而持戒行善的男兒！你們竟能為諸位菩薩以及末世百姓，向佛陀請教修行的階梯門徑、如何理解乃至保持修習所至的終極境界，乃至請教易行的方便法門。現在你好好聽著，我來為你解說。」此時，見如來答允教誨，普眼菩薩無盡歡喜，和其他所有大眾安靜聽講。

「善男子！彼新學菩薩❶，及末世眾生，欲求如來，淨圓覺心，應當正念❷，遠離諸幻，先依如來，奢摩他❸行，堅持禁戒❹，安處徒眾，宴坐❺靜室❻，常作是念：『我今此身，四大和合。所謂髮毛爪齒、皮肉筋骨、髓腦垢色，皆歸於地；唾涕膿血、津液涎沫、痰淚精氣、大小便利，皆歸於水；暖氣歸火，動轉歸風。四大各離，今者妄身，當在何處？』即知此身，畢竟無體，和合為相，實同幻化。四緣假合，妄有六根。六根四大，中外合成，妄有緣氣，於中積聚，似有緣相，假名為心。

【注　釋】❶新學菩薩　初發心學習佛法而根基尚淺的信徒。唐玄奘譯《大般若波羅蜜多經》卷二九九：「不應在彼新學菩薩前，說甚深般若波羅蜜多。」（《高麗藏》，第二二張）❷正念　梵語 Samyak-smṛti 意譯，「念」是一種修習方法，即修行者將心思固定於某一對象而專注地觀察它，「正念」即以正確的方式來修習「念」這個方法。正念是「八正道」之一，八正道是「三學」的展開。❸奢摩他　梵語 śamatha 音譯，即靜止寂滅，攝心而不為外界干擾。《瑜伽師地論》卷七七：「菩薩於此善聽、善受。言善通利意，善尋思，見善通達。即於如所善思惟法，獨處空閑，作意思惟。復即於此能思惟心，內心相續，作意思惟。如是正行多安住故，起身輕安及心輕安，是名奢摩他。」唐中天竺般刺蜜諦譯《楞嚴經》卷一：「殷勤啟請，十方如來，得成菩提，妙奢摩他，三摩禪那，最初方便。」❹禁戒　梵語 Saṁvara 意譯，音譯「三跋羅」，禁戒以保護修行者，不墮入三塗（三惡道）。唐義淨譯《根本說一切有部百一羯磨》卷一：「此言護者，梵云三跋羅，譯為擁護，由受歸戒，護使不落三塗。」（《嘉興藏》，頁 1b）❺宴坐　又作「燕坐」，於身心寂靜中安住坐禪。後秦龜茲國鳩摩羅什（西元三四四—四一三年）譯《維摩詰所說經》卷上〈弟子品第三〉：「夫宴坐者：不於三界現身意，是為宴坐；不起滅定而現諸威儀，是為宴坐；不捨道法而現凡夫事，是為宴坐；心不住內亦不在外，是為宴坐；於諸見不動而修行三十七品，是為宴坐。不斷煩惱而入涅槃，是為宴坐。」（《嘉興藏》，頁 11a–b）❻靜室　底本作「淨室」，音近形近而訛，當作「靜室」。《高麗藏》、《趙城金藏》、《嘉興藏》本《圓覺經》，及宗密《略疏》、涵虛《解》等，皆作「靜室」。又，據後秦龜茲鳩摩羅什（西元三四四—四一三年）譯《大智度論》卷十七：「常樂涅槃，從實智慧生。實智慧，從一心禪定生。譬如然燈，燈雖能照，在大風中，不能為用。若置之密宇，其用乃全。散心中智慧，亦如是。若無禪定靜室，雖有智慧，其用不全。」（《嘉興藏》，頁 1b–2a）

【語　譯】「信佛聞法而持戒行善的男兒！那些初發心修習佛道的人乃至不幸生活在末世的眾生，這樣的人若想求得如來的清淨圓覺的心靈境界，應當專注一心而端正心思，以遠離世間的諸種幻象。第一步，他應當依據如來指示的所謂『奢摩他』的方法，從事修行。也就是說，要堅定地持守戒律，使其徒眾安頓下來，在靜室中安住坐禪，心中秉持如下的觀念：『我眼前的這副身軀，是由地水火風四大要素假合而成。頭髮、體毛、指甲、牙齒、皮膚、肌肉、筋脈、骨骼、骨髓、大腦此類汙垢的固態身體，都屬於地這一要素；唾涎、涕淚、膿水、血液、汗水、痰液、淚水、精液乃至大便、小便，都屬於水這一要素；體溫屬於火這一要素，呼吸屬於風這一要素。因緣偶合的地水火風一旦彼此分離，那麼眼前虛妄的身體，又將存在於何處呢？』因此，既然明了這副身軀說到底並非實體，所有的外形皆是假合而成，實則與前述種種幻象並沒有本質上的區別。地水火風四要素因緣假合，產生虛妄的眼耳鼻舌身意這六種感知器官。六根與四大，內外相合而生成虛妄之『氣』，在身體中積累聚合，凝成一個貌似實有的假緣之相，姑且名之為『心』。

【箋　疏】《朱子語類》卷一二六〈釋氏〉：「今看《圓覺》云：『四大分散，今者妄身，當在何處？』即是竊《列子》『骨骸反其根，精神入其門，我尚何存』語。」

「善男子！此虛妄心，若無六塵，則不能有。四大分解，無塵可得。於中緣塵，各歸散滅，畢竟無有，緣心可見。

【語　譯】「信佛聞法而持戒行善的男兒！這顆虛妄的心，若沒有色聲香味觸法這六種世間的塵霾，便無以存在。地水火風各自分離的話，塵霾便無法構成。因此若假合而生萬物的種種塵垢各自消散殆盡，那麼說到底那顆假合而生的心也就看不見了。

「善男子！彼之眾生，幻身滅故，幻心亦滅；幻心滅故，幻塵亦滅；幻塵滅故，幻滅亦滅；幻滅滅故，非幻不滅。譬如磨鏡，垢盡明現❶。

【注釋】❶譬如磨鏡二句　東漢迦葉摩騰、法蘭譯《四十二章經》：「有沙門問佛：以何緣得道？奈何知宿命？佛言：道無形，知之無益，要當守志行。譬如磨鏡，垢去明存，即自見形，斷欲守空，即見道真，知宿命矣。」

【語譯】「信佛聞法而持戒行善的男兒！那些愚惑的有情眾生，若他們虛幻的身體消散了，那麼他們虛幻的心也就隨之消散了；若他們虛幻的心消散了，那麼世間虛幻的六塵也就隨之消散了；若世間虛幻的六塵消散了，那麼屆時連所謂的『幻滅』自身也不存在了；然而即使幻滅自身也斷滅了，那並非虛幻的真實理體卻永存不滅。整個過程就好像打磨、擦拭一面銅鏡，將鏽跡、汙垢除盡之後，本來的光明自然會呈現出來。

「善男子！當知身心，皆為幻垢。垢相永滅，十方清淨。

【語譯】「信佛聞法而持戒行善的人！應當明了，無論我們的身體還是那顆心，都不過是虛幻的塵垢罷了。將這些塵垢永遠斷滅乾淨，那時我們所處的上下四維便無處不是潔淨的樂土了。

「善男子！譬如清淨，摩尼❶寶珠，映於五色，隨方各現。諸愚癡者，見彼摩尼，實有五色。

【注　釋】❶摩尼　梵語 maṇi 音譯，意譯「寶珠」。唐伽梵達摩譯《千手千眼觀世音菩薩廣大圓滿無礙大悲心陀羅尼經》：「若為眼闇無光明者，當於日精摩尼手；若為熱毒病求清涼者，當於月精摩尼手。」（奈良寫卷《玄昉願經》，京都國立博物館藏）

【語　譯】「信佛聞法而持戒行善的男兒！就好像乾淨清潔的摩尼寶珠，它之所以呈現出五彩斑斕的色彩，是由於隨機映照著四方的諸般事物。然而世間愚昧癡迷的眾生，卻誤以為摩尼寶珠自身便是五色燦然的。

「善男子！圓覺淨性，現於身心，隨類各應。彼愚癡者，說淨圓覺，實有如是，身心自相，亦復如是。由此不能，遠於幻化。是故我說，身心幻垢，對❶離幻垢，說名菩薩。垢盡對除，即無對垢，及說名者。

【注　釋】❶對　梵語 pratipakṣa 意譯，「對治」的縮略。即以道斷除煩惱。

【語　譯】「信佛聞法而持戒行善的男兒！我們圓滿覺悟的潔淨自性，其所呈現出的各色有情眾生的身體與心理，也不過是隨著外界的種種因緣而映照出的假象罷了。那些愚昧癡迷的人，之所以誤認為清淨的圓覺自性所變現出來的身心乃是真實相狀，原因也就在此。也正是由於這種誤解，眾生才沒有能力遠離幻象。因此我才說，世人的身體與心靈不過是些幻影、泥垢，那種能夠憑藉圓覺真理斷除幻影泥垢的修行者，我暫且給他們一個『菩薩』的名號。然而當泥垢斷除乾淨，也就是當他們意識到汙垢本來也不過是自心幻象的時候，作為修行者的菩薩以及菩薩的所謂修行也就都歸於虛幻了。

「善男子！此菩薩及，末世眾生，證得諸幻，滅影像故。尒時便得，無方清淨，無邊虛空，覺所顯發。覺圓明故，顯心清淨。心清淨故，見塵❶清淨；見清淨故，眼根❷清淨；根清淨故，眼識❸清淨。識清淨故，聞塵❹清淨；聞清淨故，耳根清淨；根清淨故，耳識清淨；識清淨故，覺塵清淨。如是乃至，鼻舌身意，亦復如是。

【注釋】❶見塵　梵語 rūpa-artha 意譯，亦稱色塵，六塵之一，即眼睛所見到的世間物象、形色。塵，即塵土、泥垢。物象、形色能引起眾生的愛好、恨惡的分別想，而中貪、嗔、癡三毒，從而纏縛於六道，無法解脫。

❷眼根　梵語 cakṣur-indriya 意譯，六根之一，眼睛這一認識器官。唐玄奘譯《般若波羅密多心經》：「是故空中無色，無受、想、行、識；無眼、耳、鼻、舌、身、意；無色、聲、香、味、觸、法；無眼界，乃至無意識界。」❸眼識　梵語 cakṣur-vijñāna 意譯，六識之一，眼睛這一視覺器官的識別功能及認識作用。唐玄奘譯《大

般若波羅蜜多經》卷五九五：「善勇猛！眼識界非眼識界所行，耳、鼻、舌、身、意識界亦非耳、鼻、舌、身、意識界所行。善勇猛！眼識界非眼識界所行，故無知無見，若於眼識界無知無見，是謂般若波羅蜜多。善勇猛！耳、鼻、舌、身、意識界亦非耳、鼻、舌、身、意識界所行，故無知無見，若於耳、鼻、舌、身、意識界無知無見，是謂般若波羅蜜多。」❹聞塵　梵語 śrota-artha 意譯，亦稱聲塵，六塵之一，即耳朵所聽到的世間聲音、語言。聲音、語言能引起眾生的愛好、恨惡的分別想，而中貪、嗔、癡三毒，從而纏縛於六道，無法解脫。

【語　譯】「信佛聞法而持戒行善的男兒！這裡的菩薩和末世眾生，因其覺悟，使得種種幻象紛紛消滅。此時他們自然就獲得了上下四方的清淨，獲得了無邊無際的圓覺自性所生發的虛空寶藏。因為圓覺自性光明徹照，所以心地便隨之清淨了。心地清淨了，眼睛看到的物象形色此類色塵便隨之清淨了；色塵清淨了，眼睛這一視覺器官便隨之清淨了；眼睛這一器官清淨了，憑藉眼睛而生成的認識過程便隨之清淨了。眼識清淨了，耳朵聽到的聲音語言此類聲塵便隨之清淨了；聲塵清淨了，耳朵這一聽覺器官便隨之清淨了；耳根清淨了，憑藉耳朵而生成的認識過程便隨之清淨了。耳識清淨了，便會覺悟到鼻子嗅到的香臭此類香塵便隨之清淨了。如此這般推演下去，那麼鼻根、舌根、身根、意根，也便都隨之清淨了。

「善男子！根清淨故，色塵清淨。色清淨故，聲塵清淨。香味觸法，亦復如是。

【語譯】「信佛聞法而持戒行善的男兒！眼耳鼻舌身意這六根清淨了，眼睛看到的物象形色此類色塵便隨之清淨了。色塵清淨了，耳朵聽到的聲音語言此類聲塵便隨之清淨了。如此這般推演下去，那麼香塵、味塵、觸塵、法塵，也便都隨之清淨了。

「善男子！六塵清淨故，地大❶清淨。地清淨故，水大❷清淨。火大❸風大❹，亦復如是。

【注釋】❶地大　梵語 prthivī-dhātu 意譯，四大之一，即構成世間色法的四大要素之一。❷水大　梵語 ab-dhātu 意譯，四大之一，即構成世間色法的四大要素之一。❸火大　梵語 teja-dhātu 意譯，四大之一，即構成世間色法的四大要素之一。❹風大　梵語 vāyu-dhātu 意譯，四大之一，即構成世間色法的四大要素之一。

【語譯】「信佛聞法而持戒行善的男兒！色聲香味觸法這六塵清淨了，構成世間色法的地這一大要素便清淨了。地大清淨了，構成世間色法的水這一大要素便清淨了。如此這般推演下去，那麼構成世間色法的火、風這兩大要素便都隨之清淨了。

「善男子！四大清淨故，十二處❶、十八界❷、二十五有❸清淨。彼清淨故，十力❹、四無所畏❺、四無礙智❻、佛十八不共法❼、三十七助道品❽清淨，如是乃至，八萬四千❾，陀羅尼門，一切清淨。

【注釋】❶十二處　梵語 dvādaśâyatana 意譯，即十二種長養情識的處所（認知的感官與對象），分六內處即所依之根（眼耳鼻舌身意）、六外處即所緣之境（色聲香味觸法）。唐玄奘譯（高宗顯慶元年，西元六五六年）《阿毗達摩大毗婆沙論》卷七三：「何故名處？處是何義？答：生門義，是處義。……應知此中，生門義，是處義者，如城邑中，出生諸物，由此長養，諸有情身。如是所依，及所緣內，出生種種，心、心所法。由此長養，染、淨相續。」南朝劉宋求那跋陀羅（西元三九四－四六八年）譯《雜阿含經》卷一三：「何等為六內入處？謂眼入處、耳入處、鼻入處、舌入處、身入處、意入處。何等為六外入處？色入處、聲入處、香入處、味入處、觸入處、法入處。」（《高麗藏》，第一張）❷十八界　梵語 Astādaśa-dhātavah 意譯，上述十二處之外，再加六種所依之識（眼耳鼻舌身意）。界，即類別。南朝劉宋求那跋陀羅（西元三九四－四六八年）譯《雜阿含經》卷一六：「世尊告諸比丘：緣種種界，生種種觸；緣種種觸，生種種受；緣種種受，生種種愛。云何種種界？謂十八界，眼界、色界、眼識界，乃至意界、法界、意識界，是名種種界。」❸二十五有　有情眾生遷滅輪迴的二十五種迷妄境界，其中因果循環不止，故稱「有」。包括欲界十四有（四惡趣：地獄、畜生、餓鬼、阿修羅；四洲：弗婆提即東勝神洲、瞿耶尼即西牛貨洲、欝單越即北俱蘆洲、閻浮提即南瞻部洲；六欲天：位於須彌山半腹的四天即四天王天（持國、增長、廣目、多聞）、位於須彌山頂的三十三天即忉利天（帝釋天、四方各八天）、位於須彌山上方的炎摩天、兜率天、化樂天、他化自在天）、色界七有、無色界四有。北涼曇無讖（西元三八五－四三三年）譯（武宣王玄始十年，西元四二一年）《大般涅槃經》卷一四：「善男子！菩薩摩訶薩，住無畏地，得二十五三昧，壞二十五有。善男子！得無垢三昧，能壞地獄有；得無退三昧，能壞畜生有；得心樂三昧，能壞餓鬼有；得歡喜三昧，能壞阿修羅有。得日光三昧，能斷弗婆提有；得月光三昧，能斷瞿耶尼有；

得熱炎三昧，能斷鬱單越有；得如幻三昧，能斷閻浮提有。得一切法不動三昧，能斷四天處有；得難伏三昧，能斷三十三天處有。得悅意三昧，能斷炎摩天有；得青色三昧，能斷兜率天有；得黃色三昧，能斷化樂天有；得赤色三昧，能斷他化自在天有。得白色三昧，能斷初禪有。得種種三昧，能斷大梵天有。得雙三昧，能斷二禪有。得雷音三昧，能斷三禪有。得霔雨三昧，能斷四禪有。得如虛空三昧，能斷無想有。得照鏡三昧，能斷淨居阿那含有。得無礙三昧，能斷空處有。得常三昧，能斷識處有。得樂三昧，能斷不用處有。得我三昧，能斷非想非非想處有。」❹十力　梵語 daśa-balāni 意譯，佛陀具有的十種慧力。南朝劉宋求那跋陀羅（西元三九四－四六八年）譯《雜阿含經》卷二六：「處、非處，如實知，是名如來初力。……於過去、未來、現在業法，受因事報，如實知，是名第二如來力。……禪、解脫、三昧正受，染惡清淨處淨，如實知，是名如來第三力。……知眾生種種諸根差別，如實知，是名如來第四力。……悉知眾生種種意解，如實知，是名第五如來力。……悉知世間眾生種種諸界，如實知，是名第六如來力。……於一切至處道，如實知，是名第七如來力。……於過去宿命種種事憶念，從一生至百千生，從一劫至百千劫，……宿命所更，悉如實知，是名第八如來力。……以天眼淨過於人眼，見眾生死時、生時，妙色、惡色，下色、上色，向於惡趣、向於善趣，隨業法受，悉如實知。……是名第九如來力。……諸漏已盡，無漏心解脫、慧解脫，現法自知，身作證：我生已盡，梵行已立，所作已作，自知不受後有，是名第十如來力。……」❺四無所畏　梵語 catur-vaiśāradya 意譯，佛陀具有的四種無所畏懼的自信。❻四無礙智　梵語 catuṣpratisaṃvid 意譯，又作四無礙解，針對法、義、詞、辯的四種無所窒礙的理解、表達能力。❼佛十八不共法　佛陀具有的十八種功德。由於聲聞、緣覺二乘並不具備，故稱「不共」。後秦龜茲國鳩摩羅什（西元三四四－四一三年）譯《摩訶般若波羅蜜經》卷五：「所謂十八不共法。何等十八？一諸佛身無失，二口無失，三念無失，四無異相，五無不定心，六無不知已捨心，七欲無減，八精進無減，九念無減，十慧無減，十一解脫無減，十二解脫知見無減，十三一切身業隨智慧行，十四一切口業隨智慧行，十五一切意業隨智慧行，十六智慧知見過去世無閡無障，十七智慧知見未來世無閡無障，十八智慧知見現在世無閡無障。」（《崇寧藏》，第三〇一—三一張，宮內廳書陵部藏）❽三十七助道品　三十七種有助於進入涅槃境界的方法，又作「三十七道品法」。東晉法顯（西元三三七—四二二年）譯《大般涅槃經》卷上：「三十七道品法，所謂四念處、四正勤、四如意足、五根、五力、七覺支、八聖道分。」❾八萬四千　誇張地形容數量極多。

【語　譯】「信佛聞法而持戒行善的男兒！地水火風這四大清淨了，那麼有情眾生長養情識的十二乃至十八類處所，及他們遷滅輪迴的二十五種迷妄境界，就隨之清淨了。以上這些清淨了，那麼佛陀具有的十種慧力、四種無所畏懼的自信、四種無所窒礙的理解表達力、十八種獨具的功德、三十七種有助進入涅槃境界的方法，如此類推，乃至八萬四千種能淨化惡業的真言，也就全都隨之清淨了。

「善男子！一切實相❶，性清淨故，一身清淨。一身清淨故，多身清淨❷。多身清淨故，如是乃至，十方眾生，圓覺清淨。

【注　釋】❶實相　世間萬物真實不虛的相狀，亦即真相——相對於俗情妄智所認知到的各別相，即假象而言。實相與性空同義，只是強調的重點有所不同，前者在相，後者在性，後秦僧肇（西元三八四—四一四年）《肇論》卷上〈宗本義〉：「本無、實相、法性、性空、緣會，一義耳。」（《嘉興藏》，頁1a）❷一身清淨故二句　中唐宗密《圓覺經略疏》卷上引南朝梁寶志：「以我身空諸法空，千品萬類悉皆同。」

【語　譯】「信佛聞法而持戒行善的男兒！認識世間萬物的真相，是其自性本來清淨的話，那麼修道者就終於可以認識到其自身本來也是清淨了。自身清淨了，也就能認識到其身旁徒眾，自性本是清淨的了。身旁徒眾清淨了，如此類推，那麼也就能進而認識到，世間的芸芸眾生其本性即是圓滿的覺悟，其自性本來都是清淨的了。

「善男子！一世界清淨故，多世界清淨❶。多世界清淨故，如是乃至，盡於虛空，圓裹三世❷，一切平等，清淨不動。

【注　釋】❶一世界清淨故二句　一世界，梵語 ekaṃloka-dhātum 意譯。有情眾生所居住的時空，以須彌山為中心，加上圍繞其四方的九山八海、四大部洲及日月，合稱「一世界」。此外尚有其他「多世界」，總和而稱「三千大千世界」。❷三世　梵語 tryadhva 意譯。即過去世、現在世、未來世的總稱。世，即遷流。盛唐菩提流志（西元？—七二七年）譯《大寶積經》卷九四：「三世，所謂過去、未來、現在。云何過去世？若法生已滅，是名過去世。云何未來世？若法未生未起，是名未來世。云何現在世？若法已生未滅，是名現在世。」（《嘉興藏》，頁 9b）

【語　譯】「信佛聞法而持戒行善的男兒！有情眾生居住的此一世界清靜了，三千大千世界就都清淨了。三千大千世界清淨了，如此類推，則圓遍虛空乃至含裹過去、現在、未來三世的時空裡，所有一切皆隨之平等、清淨而無生滅變化了。

「善男子！虛空如是，平等不動，當知覺性，平等不動。四大不動故，當知覺性，平等不動。如是乃至，八萬四千，陀羅尼門，平等不動，當知覺性，平等不動。」

【語　譯】「信佛聞法而持戒行善的男兒！既然虛空中的一切，原如此平等而無生滅變化，便當知我們自身覺悟的本性，原本平等而無生滅變化。既然地水火風本而無生滅變化，便當知我們自身覺悟的本性，本無生滅變化。如此類推，既然八萬四千種能淨化惡業的真言，原如此平等而無生滅變化，便當知我們自身覺悟的本性，原本平等而無生滅變化。

「善男子！覺性遍滿，清淨不動，圓無際故，當知六根，遍滿法界❶。根遍滿故，當知六塵，遍滿法界。塵遍滿故，當知四大，遍滿法界。如是乃至，陀羅尼門，遍滿法界。

【注　釋】❶法界　四法界的簡稱。中唐澄觀（西元七三八－八三九年）《華嚴經疏》卷三〇：「等何法界？此通四義。一等理法界故。……二等事法界。……三等理事無礙法界。……四等事事無礙法界。」（《大正藏》，頁七三〇，上欄）宗密《注華嚴法界觀門》：「心融萬有，便成四種法界。一事法，界是分義，一一差別，有分齊故。二理法界，界是性義，無盡事法，同一性故。三理事無礙法界，具性分義，性分無礙故。四事事無礙法界，一切分齊事法，一一如性融通，重重無盡故。」（《嘉興藏》，頁1a）

【語　譯】「信佛聞法而持戒行善的男兒！既然眾生覺悟的本性充盈虛空三世，清淨而無生滅變化，圓滿而沒有邊界，便當知眼耳鼻舌身意這六根，可遍知千差萬別的現象界與自性真如的本體界。既然六根可遍知事理法界，便當知色聲香味觸法這六塵，遍布於千差萬別的現象界與自性真如的本體界。既然六塵遍佈於事理法界，便當知地水火風這四大要素，構成了千差萬別的現象界與自性真如的本體界。如此類推，八萬四千種能淨化惡業的真言，也遍滿千差萬別的現象界與自性真如的本體界。

「善男子！由彼妙覺❶，性遍滿故，根性塵性，無壞無雜。根塵無壞故，如是乃至，陀羅尼門，無壞無雜。如百千燈，光照一室，其光遍滿，無壞無雜。

【注　釋】❶妙覺　覺行圓滿的究竟佛果。

【語　譯】「信佛聞法而持戒行善的男兒！由於圓妙覺性遍滿虛空三世，故六根六塵皆無生滅變化而清淨沒有雜質。由於根塵本無生滅變化，以此類推，乃至八萬四千種能淨化惡業的真言，皆無生滅變化而清淨沒有雜質。好像成百上千盞明燈照耀一室，室內光明遍滿，無生滅變化而清淨沒有雜質。

「善男子！覺成就❶故，當知菩薩，不與法縛，不求法脫，不厭生死，不愛涅槃，不敬持戒，不憎毀禁，不重久習，不輕初學。何以故？一切覺故。譬如眼光，曉了前境，其光圓滿，得無憎愛❷。何以故？光體無二，無憎愛故。

【注釋】❶成就　梵語 yukta 意譯。已經得到，且相續不再失去。❷譬如眼光四句　此句暗用了「現量」觀念，指眼根在未摻入情識、未有分別的情況下，以直覺測量觀色。初唐玄奘（西元六〇二—六六四年）譯《因明入正理論》不分卷：「現量謂無分別，若有正智，於色等義，離名種等，所有分別，現現別轉，故名現量。」（《嘉興藏》，頁 5b–6a）

【語譯】「信佛聞法而持戒行善的男兒！既然證得覺性遍滿法界，便當了解，菩薩不為萬物束縛亦不求遠離萬物，不厭棄生死輪迴亦不執愛涅槃，不敬重持戒亦不憎恨破戒，不重視持久修習亦不輕視初學佛法的人。為什麼呢？因為世間一切皆具悟性。好像人在未摻入情識而僅以直覺觀察色相的情況下，只是客觀地觀照到眼前情境，目光因為尚無分別心而並無揀擇。為什麼呢？因為作為目光的眼根，與作為觀察對象的色塵，皆本無憎愛分別。

「善男子！此菩薩及，末世眾生，修習此心，得成就者，於此無修，亦無成就。圓覺普照，寂滅無二，於中百千萬億不可說❶，阿僧祇❷恆河沙❸，諸佛世界，猶❹如空花，亂起亂滅，不即不離❺，無縛無脫。始知眾生，本來成佛，生死涅槃，猶如昨夢❻。

【注釋】❶不可說　梵語 anabhilāpya 意譯，又作「不可言說」，意謂真諦只可證悟不可言說，此處謂難以形容。❷阿僧祇　梵語 asāṃkhya 音譯，意譯「無數」。❸恆河沙　梵語 Gangā-Nadī-Vālukā 意譯，即如恆河之沙而無法計數。❹猶　底本作「由」，音近而訛，當作「猶」。《高麗藏》、《趙城金藏》、《嘉興藏》本《圓覺經》，及宗密《略疏》、涵虛《解》等，皆作「猶」。❺不即不離　本義不一不異，此處即本義。漢語成語的「不即不離」，首見於《圓覺經》，然後代引申，與此不同。❻生死涅槃二句　唐王梵志（西元？—六七〇年）〈無題〉：「死生如夢覺，此理甚明白。」載宋陳應行（生卒年不詳，兩宋之際）《吟窗雜錄》卷五〇，明嘉靖二十七年崇文書堂刻本。

【語譯】「信佛聞法而持戒行善的男兒！這些初發心修習佛道的菩薩乃至不幸生活在末世的眾生，若能按照如上解說修習己心從而獲得真正成就，便能領悟本無所謂修行也本無所謂成就的真相了。人圓滿覺悟的自性光明普照，涅槃寂靜本無分別，其中包含如恆河之沙無法數清的諸佛世界，都好像無盡的空中之花一樣，雜亂無章地倏然生起又倏然幻滅，假相與真相表面看來彼此相異，但本質上並無不同，所以並不存在約束，也本無所謂解脫。這時便終於能夠了解，有情眾生本來便是徹悟的佛陀，所謂生死輪迴與涅槃寂靜的分別，也都如昨夜的夢境一般幻滅了。

「善男子！如昨夢故，當知生死，及與涅槃，無起無滅，無來無去。其所證者，無得無失，無取無捨。其能證者，無作無止，無任無滅❶。於此證中，無能無所。畢竟無證，亦無證者，一切法性，平等不壞。

【注釋】❶無作無止二句　所指即〈正宗分十・圓覺菩薩〉開列的四種錯誤的禪修方式，其一是故作、造作的所謂「作病」，其二是聽任、任憑的所謂「任病」，其三是止息、停止的所謂「止病」，其四是寂滅、斷滅的所謂「滅病」。

【語譯】「信佛聞法而持戒行善的男兒！因為一切皆如昨夜的夢境，故當了解本來無所謂生死輪迴與涅槃寂靜，無所謂生起與幻滅，無所謂來也無所謂去的差別了。針對證悟的對象，本來無所謂獲得也無所謂失去，無所謂求取也無所謂捨棄。針對證悟的主體，本來無所謂生心造作也無所謂止息諸念，無所謂隨緣任性也無所謂永滅身心。針對全部的證悟，無所謂主體也無所謂客體。

究其本質，無所謂能證也無所謂所證，世間萬事萬物的本性平等沒有差別，亦永恆不壞。

「善男子！彼諸菩薩，如是修行，如是漸次，如是思惟，如是住持，如是方便，如是開悟，求如是法，亦不迷悶。」

【語譯】「信佛聞法而持戒行善的男兒！諸位菩薩，若能據此修行，據此按部就班，據此思考，據此護持，據此安排，據此領悟，求取如此這般的佛法，便不會迷惑沉悶了。」

爾時世尊，欲重宣此義，而說偈言：「普眼汝當知：一切諸眾生，身心皆如幻，身相屬四大，心性歸六塵。四大體各離，誰為和合者？如是漸修行，一切悉清淨。不動遍法界，無作止任滅，亦無能證者。一切佛世界，猶如虛空花，三世悉平等，畢竟無來去。初發心❶菩薩，及末世眾生，欲求入佛道，應如是修習。」

【注釋】❶發心　發起解脫苦難，進而往生淨土或立地成佛等正確的誓願。隋淨影慧遠（西元五二三－五九二年）《維摩經義記》：「阿耨菩提是外國語，此名無上正真正道。阿之言無，耨多言上，三名為正，藐之言真，三復名正，菩提稱道。期求此道，名為發心。」

【語　譯】那時，世間的尊者想重新闡明上述道理的大義，故以應頌的方式再次唱道：「普眼菩薩你應當知道：世間一切有情眾生，其身體與心性皆如幻影，身體的假相由地水火風四大和合而成，心靈的屬性也不過是由色聲香味觸法六塵構成。四大若彼此分離，誰又來和合這副軀殼呢？據此道理逐漸緩慢地修行，最終一切身心與周邊世界將終歸清淨。世間萬法原本自性永恆不變，讓身心的修行不要陷入作止任滅的陷阱之中，認識到本無所謂能證的主體與所證的客體。認識到一切諸佛世界皆如空中之花，過去、現在、未來三世之中，眾生平等本無差別，沒有所謂回來也沒有所謂離去。初發心修習佛道的菩薩和末法時代的眾生，若要求取進入佛道的門徑，便當據此修行。」

正宗分四・金剛藏菩薩

【分旨】金剛藏節總承前三節而來，意在解決前面諸節帶來的內在矛盾——既然普眼節最終落腳於「始知眾生，本來成佛」，即眾生本來是佛，那麼為何普賢節又說「無始幻無明，皆從諸如來，圓覺心建立」，即眾生本來無明？而文殊節又說「永斷無明，方成佛道」，即唯有斷除無明才能成就佛果呢？佛陀的解答則是釜底抽薪。他指出金剛藏這種思考和提問的方式本身就是錯的，因為憑藉世俗心、世間智來求索圓覺佛道，只能是緣木求魚。本節重點在斷除疑慮而生成信念。金剛藏的形象本義比喻堅定不移的信念，因此由金剛藏發問。同時金剛也代表智慧，但這種智慧不應是世俗智，而是以無心為心的圓覺智。因其蘊藏於內心，故稱金剛寶藏。

於是，金剛藏菩薩❶，在大眾中，即從座起，頂禮佛足，右遶三帀，長跪叉手，而白佛言：「大悲世尊！善為一切，諸菩薩眾，宣揚如來，圓覺清淨，大陀羅尼，因地法行，漸次方便，與諸眾生，開發矇昧；在會法眾，承佛慈誨，幻翳朗然，慧目清淨。

【注　釋】❶金剛藏菩薩　梵語 Vajra-garbha 意譯，音譯縛日囉孽囉婆。印度世親著，北魏菩提流支（生卒年不詳，五到六世紀）等譯《十地經論》：「何故名金剛藏？藏即名堅，其猶樹藏，又如懷孕在藏，是故堅如金剛，名金剛藏。是諸善根，一切餘善根中，其力最上，猶如金剛，亦能生成人天道行，諸餘善根所不能壞，故名金剛藏。」

【語　譯】此時，金剛藏菩薩從徒眾中的座位站起身來，五體投地而頭觸佛足，起身順向右繞佛陀三周，長跪叉手稟告佛陀：「悲憫而欲為眾生拔苦的世尊！您巧妙明白地為所有菩薩，宣講了佛陀通過對於圓滿光明的清淨覺悟，亦即對於陀羅尼真言的理解，走過了未悟蒙昧的起步階段，您又從頓悟到漸悟一步步引導講解，賜予了眾生開啟晦暗蒙昧的方便法門。參與此次法會的眾人，承蒙佛陀慈悲的教誨，過往由於幻影而遮蔽的心靈如今明朗洞徹，原本智慧的雙眼也恢復了本來的明淨。

【箋　疏】據涵虛，「因地法行」指文殊節，「漸次方便」指普賢節。（筆者案：普賢節云「方便漸次」。）如此，則金剛藏發問之前先讚頌佛陀，正是為了陷佛陀於矛盾當中，為後面提問的以子之矛攻子之盾做鋪墊。

「世尊！若諸眾生，本來成佛，何故復有，一切無明？若諸無明，眾生本有，何因緣故，如來復說，本來成佛？十方異生，本成佛道，後起無明，一切如來，何時復生，一切煩惱？唯願不捨，無遮❶大慈，為諸菩薩，開秘密藏❷，及為末世，一切眾生，得聞如是，修多羅教，了義法門，永斷疑悔。」作是語已，五體投地，如是三請，終而復始。

【注釋】❶無遮　不區分賢愚、貴賤、道俗，而平等待之。❷秘密藏　祕密的佛法寶藏，只有佛陀能夠了解，非世俗所能了知。

【語譯】「世間的尊者！第一，倘若世間眾生本來是佛，然則為何又會有無盡的暗昧愚癡呢？第二，反過來，倘若暗昧愚癡是眾生本有的，那麼為何如來又說眾生本來即佛呢？第三，如果世間眾生本來是佛，其後必然陷入暗昧愚癡，那麼十方三世的諸佛，未來又何時再生諸般煩惱呢？懇請不要捨棄您平等看待賢愚貴賤的廣大慈悲，為諸位修道菩薩打開祕奧的佛法寶藏，並讓末法時代的無盡有情眾生，也能聆聽高貴的經教，看清指引終極之路的法門，永遠斷除疑惑與悔恨。」提完這些問題，金剛藏菩薩再次五體投地禮敬佛陀，如此重複了三次，求請佛陀的解答。

【箋疏】據涵虛，金剛藏第一問針對普眼節「本來成佛」而發。

尒時世尊，告金剛藏菩薩言：「善哉善哉！善男子！汝等乃能，為諸菩薩，及末世眾生，問於如來，甚深秘密，究竟方便。是諸菩薩，最上教誨，了義大乘，能使十方，修學菩薩，及諸末世，一切眾生，得決定❶信，永斷疑悔。汝今諦聽，當為汝說。」時金剛藏菩薩，奉教歡喜，及諸大眾，默然而聽。

【注釋】❶決定　梵語 niyatam 意譯。意為一定不變，為「不定」的對稱。

【語譯】那時，世尊便向金剛藏菩薩言道：「好啊好啊！信佛聞法而持戒行善的男兒！你們竟能為諸位菩薩以及末世百姓，向佛陀請教深奧的祕密、終極的法門。這的確是諸位菩薩所能得到的至高無上的教導，將徹底地盡述大乘教法，能讓十方修習佛法的菩薩和末法時代的無盡有情眾生，獲得一定不變的信念，永遠斷除疑惑與悔恨。現在你好好聽著，我來為你解說。」此時，見如來答允教誨，金剛藏菩薩無盡歡喜，和其他所有大眾安靜聽講。

「善男子！一切世界❶，始終生滅，前後有無，聚散起止，念念相續❷，循環往復，種種取捨，皆是輪迴❸。未出輪迴，而辨圓覺，彼圓覺性，即同流轉；若免輪迴，無有是處。譬如動目，能搖湛水；又如定眼，由❹迴轉火；雲駛月運，舟行岸移，亦復如是。

【注釋】❶世界　梵語 loka-dhātu 直譯，意譯可毀壞的處所。世指時間，界指空間，此指眾生居處必依據某一相對時空，故不具有超越性。唐中天竺般剌蜜諦譯《楞嚴經》卷四：「阿難！云何名為，眾生世界？世為遷流，界為方位。汝今當知，東西南北，東南西南，東北西北，上下為界；過去未來，現在為世；位方有十，流數有三。」（《嘉興藏》，頁 12a）❷念念相續　此處的念念相續，並非初唐淨土三祖善導（西元六一三—六八一年）著《觀念阿彌陀佛相海三昧功德法門》（簡稱《觀念法門》）的含義，即心念繫於一處，使不散亂：「但知合掌念佛，念念作見佛想。」（《大正藏》，第一九五九種，頁二四，中欄）相反，此處的念念相續，指世人妄念不斷。❸輪迴　與前文的「輪轉生死」、後文的「流轉」，在本經中皆為同義語。❹由　字訛，據《高麗藏》，當作「猶」，作猶如解。筆者案：此字宗密《略疏》、涵虛《解》、憨山《直解》皆作「由」，然孝宗《御注》、《大正藏》皆作「猶」。

【語譯】「信佛聞法而持戒行善的男兒！有情眾生所居的相對時空，其中無論始與終、生與滅、前與後、有與無、聚與散、起與止，這些世人因妄念而有所取捨的現象，一個接一個地相續不斷，循環往復，構成了也導致了世間眾生的無盡輪迴。若不超越這種輪迴，勉強地去分辨所謂的圓覺，那所認識到的圓覺，也不過又是一種虛妄建構的觀念，而與其他所有流轉生死的世間萬物並無差異。這種情況之下，還想免除輪迴的命運，絕無可能。比如眼睛眨呀眨，眼珠滾呀滾，即使觀察的是平靜的水面，也會產生水面蕩漾的錯覺。又比如瞪著眼睛、目不轉瞬的時候，若面對快速搖動、旋轉的火炬，眼前就會產生猶如出現一個火輪的錯覺。又比如風吹雲蕩，就會給人月亮移步的假象，舟船前行，就會給人對岸竟會後退的幻覺，如此等等都是同樣的道理。

「善男子！諸旋未息，彼物先住，尚不可得；何況輪轉，生死垢心，曾未清淨，觀佛圓覺，而不旋復？是故汝等，便生三惑。

【語譯】「信佛聞法而持戒行善的男兒！若上述搖蕩眩暈的心神眼神未能止息，妄圖讓那些運動變幻的外在事物靜止下來，如此尚且不能做到；又何況輪迴擺蕩於生死兩端的汙穢心地，若未能將之灑掃潔淨，便用以觀照圓覺佛性，又怎能有助脫離旋轉輪迴的宿命呢？所以你們這些人就產生了上述三種疑惑。

「善男子！譬如幻翳，妄見空花。幻翳若除，不可說言：此翳已滅，何時更起，一切諸翳？何以故？翳花二法，非相待❶故。亦如空花，滅於空時，不可說言：虛空何時，更起空花？何以故？空本無花，非起滅故。生死涅槃，同於起滅。妙覺圓照，離於花翳。

【注釋】❶相待　一切有為法皆彼此相互對立依賴，始能存在並彰顯自身的特點。姚秦僧肇（西元三八四—四一四年）《注維摩詰經》卷三〈弟子品〉：「肇曰：諸法相待生，猶長短比而形也。」

【語譯】「信佛聞法而持戒行善的男兒！比如人眼患上白內障，會無中生有地看到本不存在的虛假花朵。白內障祛除後，就不宜再這樣問：『此次此處的白內障除去了，下次別處的白內障什麼時候再出現？』為什麼？因為白內障和虛假花朵，兩者彼此並不是相互依賴才出現的。也正如空中之花，在虛空中幻滅之後，就不宜再這樣問：『別時別地的虛空之中，什麼時候會再次顯現空中之花呢？』為什麼？因為空中本來就沒有什麼花朵，它並非因為某物而生起，也自然並非因為某物而消滅。如此則所謂出生死亡，以及所謂涅槃得道，無非與前述幻象的生起消滅同樣為無中生有。一個人如果擁有奇妙的覺悟、圓滿的觀照，將永遠離開空花、眼翳的困擾。

【箋疏】據涵虛，本段消解的是金剛藏第一個問題的合法性。

「善男子！當知虛空❶，非是暫有，亦非暫無；況復❷如來，圓覺隨順❸，而為虛空❹，平等本性？

【注釋】❶虛空　據宗密《大疏》：「虛空世法，尚不同花起滅，況如來隨順圓覺，湛然真常，是虛空之體性耶？」則這一句中的兩個「虛空」，前一虛空屬「有為法」，為空界別稱，即世間的空間。❷況復　又何況。其句式，同於〈正宗分十・普覺菩薩〉的「況復摶財」。❸圓覺隨順　宗密《大疏》以此為「隨順圓覺」的倒裝，其句式與本經〈序分〉中的「不二隨順」、〈文殊師利菩薩〉中的「淨覺隨順」皆同。❹虛空　據前引宗密《大疏》，此虛空與本句的前一虛空不同，屬「無為法」，為梵文 Ākāśa 的意譯，具有恆常不變的性狀。

【語　譯】「信佛聞法而持戒行善的男兒！你應當知道，即使是世間有為法的空間，也並不是一時有又一時無，而是有其穩定的相狀；又何況如來依據其自身的圓覺本心，體現出的如無為法虛空一般的無差別的恆久本性呢？

「善男子！如銷金鑛，金非銷有❶；既已成金，不重為鑛，經無窮時，金性不壞。不應說言，本非成就。如來圓覺，亦復如是。

【注　釋】❶如銷金鑛二句　據孝宗《御注》「性本是佛，因修而悟，非因修而得」，銷喻修行，金鑛喻凡夫，金喻佛性。

【語　譯】「信佛聞法而持戒行善的男兒！好比熔煉金礦，其中蘊藏的真金不是因為熔煉才有；而真金一經提煉，便不會重返礦石的原始狀態，即使歷經時間流逝，真金的本性也不會毀壞退減。因此不該錯誤地認為，金礦本來不蘊含真金。如來的圓覺本性，也正如上述的這番道理。

【箋　疏】金礦本來蘊藏真金，不是因為熔煉才有；正如凡夫本有佛性，不是因為修行才有。據涵虛，此段是針對金剛藏第三問的回答。

「善男子！一切如來，妙圓覺心，本無菩提，及與涅槃，亦無成佛，及不成佛，無妄輪迴，及非輪迴。

【語譯】「信佛聞法而持戒行善的男兒！一切佛陀神妙圓滿覺悟的本心之中，本來沒有菩提、涅槃這樣的方便假名，也沒有所謂成佛與否的分別狀態，亦沒有虛妄的陷溺或初離輪迴的迴異境界。

【箋疏】據涵虛，此段意在破除對待、兩邊。

「善男子！但諸聲聞❶，所圓境界，身心語言，皆悉斷滅，終不能至，彼之親證，所現涅槃。何況能以，有思惟心，測度如來，圓覺境界？如取螢火，燒須彌山❷，終不能著；以輪迴心，生輪迴見，入於如來，大寂滅海，終不能至。是故我說，一切菩薩，及末世眾生，先斷無始，輪迴根本。

【注釋】❶聲聞　梵文 Śrāvaka 意譯，直譯為傾聽者，指聽聞佛陀言傳聲教而證悟的人。四乘（聲聞乘、緣覺乘、菩薩乘、一乘）中，等級最低者。❷須彌山　梵文Sumeru音譯，意譯妙高山。古印度神話神山，佛教宇宙觀沿用，為世界中心。初唐玄應（生卒年不詳）《一切經音義》：「蘇迷盧山，梵語寶山名。或云須彌山或云彌樓山皆是梵音，聲轉不正也。正梵音云蘇迷嚧，嚧字轉舌。唐妙高山。」

【語　譯】「信佛聞法而持戒行善的男兒！即使那些聽聞佛陀言傳聲教的人，在其所證悟的境界當中，斬斷了對於身體、心靈乃至所用語言的執著，他們也終究無法達到佛陀親身證悟了的，至高無上的涅槃境界。又何況普通人，怎能憑藉世俗的聰明，理解佛陀圓滿覺悟的至境呢？就像妄圖用螢蟲尾火點燃須彌山一樣，終屬徒勞；同理，溺於輪迴的世俗心智，只能生出無法擺脫輪迴的世俗見解，靠這樣淺薄的心智見解，想潛入如來體證的寂靜安詳的智慧海洋，終屬徒勞。因此我才說，一切菩薩和末法時代的眾生，務須先行斬斷無始無終陷你們於無盡輪迴的根本——世俗智，如此始得。

【箋　疏】據涵虛，此段意在破除世俗智的局限性。

「善男子！有作❶思惟，從有心起。皆是六塵，妄想緣氣。非實心體，已如空花。用此思惟，辨於佛境，猶如空花，復結空果。展轉妄想，無有是處。

【注　釋】❶有作　有所造作，即有計較、目的、執著的作為，與脫離輪迴的無作無為相對。

【語　譯】「信佛聞法而持戒行善的男兒！有所造作的世俗智即六識，都是從有所計較的世俗身心即六根而來的。眼前所見、心中所感，不過是六種塵靄，看似能夠依附攀緣的實體，其實都是虛妄的幻象。凡夫的色心就如空中之花，並非真實的存在。用這樣虛幻的心靈，去分辨何處是佛國境界，實在緣木求魚，所能有的認知，不過是虛空中不存在的花，結出虛空中不存在的果。這樣一種顛來倒去的幻想，對我們沒有任何益處。

「善男子！虛妄浮心，多諸巧見，不能成就❶，圓覺方便。如是分別❷，非為正問。」

【注　釋】❶成就　梵文 yukta 意譯，意為獲得，特指已經獲得且不再失去。初唐玄奘譯《阿毗達摩大毗婆沙論》卷一六二：「問：得與成就，有何差別？……有說：未得而得名得，已得而得名成就。……有說：初得名得，得已不斷名成就。有說：初獲名得，得已不失名成就。」❷分別　梵文 vikalpa 意譯，意為思維、分析、度量。

【語　譯】「信佛聞法而持戒行善的男兒！胸中這顆浮躁的心，它只有諸般花巧淺見，給不了我們進入圓覺境界的方法。因此說到底，這樣一種分析推理，本身就不是正確的提問方式。」

尒時世尊，欲重宣此義，而說偈言：「金剛藏當知：如來寂滅性，未曾有終始。若以輪迴心，思惟即旋復，但至輪迴際，不能入佛海❶。譬如銷金鑛，金非銷故有，雖復本來金，終以銷成就。一成真金體，不復重為鑛。生死與涅槃，凡夫及諸佛，同為空花相。思惟猶幻化，何況詰虛妄？若能了此心，然後求圓覺。」

【注釋】❶佛海　覺悟後的佛陀不再是單一人物，而是化身萬物，其無處不在的廣大，猶如大海的境界。唐賢首法藏（西元六四三—七一二年）《華嚴經探玄記》卷三：「佛海者，能化之佛，非一如海，謂遍一切處，而轉法輪故。」（《大正藏》，頁一五〇，下欄）

【語譯】那時，世間的尊者想重新闡明上述道理的大義，故以應頌的方式再次唱道：「金剛藏菩薩你應當知道：如來度脫生死而遠離迷惑的寂滅本性，是超越時間維度，沒有所謂結束和開始的。如果用溺於輪迴的世俗之心來思考，只要前進就會回到起點，只能走到輪迴的邊緣，卻永遠無法突破它的束縛而徜徉在佛陀覺悟的智慧海洋。好比熔煉金礦，一方面，其中蘊藏的真金不是因為熔煉才具有的，但另一方面，雖然恢復了真金的本來面目，但終究是要靠一番熔煉的功夫，才能呈現其自身的。而一旦回到真金實體的本來面目，也就不會重返礦石的野蠻狀態了。生死和所謂涅槃，凡夫和所謂諸佛，都是好像空中花朵一樣的假象。世俗的思考尚且虛幻失實，又何況這種妄誕的詰問呢?只有理解這顆心本是虛妄不可憑藉的世俗心，然後才能去追求終極的圓覺境界。」

【箋疏】據宗密，本節長行部分的結構是先標舉妄念，而偈頌部分則反過來，先標舉真實。

正宗分五・彌勒菩薩

【分旨】據涵虛，彌勒為慈氏，此節著重否定俗世的愛樂、欲望。此外，又大篇幅地談及因事、理二障的不同，眾生之間在斷滅輪迴的可能性上，存在五種不同種性的差別。

於是，彌勒菩薩❶，在大眾中，即從座起，頂禮佛足，右遶三帀，長跪叉手，而白佛言：「大悲世尊！廣為菩薩，開秘密藏，令諸大眾，深悟輪迴，分別邪正。能施末世，一切眾生，無畏道眼，於大涅槃，生決定❷信，無復重隨，輪轉境界，起循環見。

【注釋】❶彌勒菩薩　梵文Maitreya音譯，意譯「慈氏」，即仁慈的人。據姚秦僧肇（西元三八四—四一四年）《注維摩詰經》：「彌勒菩薩。什曰：姓也；阿逸多，字也。南天竺波羅門之子。」據南朝劉宋沮渠京聲（西元？—四六四年）譯《觀彌勒菩薩上生兜率天經》：「佛告優波離：諦聽，諦聽！善思念之。如來應正遍知，今於此眾，說彌勒菩薩摩訶薩阿耨多羅三藐三菩提記。此人從今十二年後命終，必得往生兜率陀天上。……如是處兜率陀天晝夜恆說此法，度諸天子。閻浮提歲數五十六億萬歲，爾乃下生於閻浮提，如《彌勒下生經》說。」❷決定　梵語 niścaya 意譯，堅定不變。

【語　譯】此時，彌勒菩薩從徒眾中的座位站起身來，五體投地而頭觸佛足，起身順向右繞佛陀三周，長跪叉手稟告佛陀：「悲憫而欲為眾生拔苦的世尊！為諸位菩薩打開祕密法藏的大門。讓我等與會的菩薩，深刻體悟到輪迴的可怕，立意區分何謂邪法、正法。又能賜予末法時代的一切有情眾生，無所畏懼的觀道之眼，對於無上的圓覺寂靜的本體，產生堅定不變的信心，不再重複隨著生死輪迴的情況，生出反復擺蕩的愚見。

【箋　疏】據孝宗，本段承上金剛藏節，從讚美佛陀打開「秘密藏」，提示「種種取捨，皆是輪迴。未出輪迴，而辨圓覺，彼圓覺性，即同流轉」開始。

「世尊！若諸菩薩，及末世眾生，欲遊如來，大寂滅海，云何當斷，輪迴根本？於諸輪迴，有幾種性❶，修佛菩提，幾等差別？迴入塵勞❷，當設幾種，教化方便，度諸眾生？唯願不捨，救世大悲，令諸修行，一切菩薩，及末世眾生，慧目肅清，照曜心鏡，圓悟如來，無上知見。」作是語已，五體投地，如是三請，終而復始。

【注釋】❶種性　梵語 Gotra 意譯，作為菩提種子的世間有情眾生，彼此之間是否具有佛性或佛性根器淺深之間存在差別。造成這種差別的是先天、後天善惡業的薰習。不同派別對其中差別的認知不同。武周于闐實叉難陀譯（西元七〇〇—七〇四年）《大乘入楞伽經》卷二〈集一切法品〉：「有五種種性。何等為五？謂聲聞乘種性、緣覺乘種性、如來乘種性、不定種性、無種性。」（《嘉興藏》，頁 11a）❷塵勞　兩種憂苦煩惱，即汙染、勞苦。眾生心智被種種愚見汙染，因之輪迴於生死之間，甚為勞苦，這構成人生的終極煩惱。南朝劉宋求那跋陀羅譯《雜阿含經》卷三二：「佛告聚落主：若有四愛念無常變異者，則四憂苦生。若三二若一愛念無常變異者，則一憂苦生。聚落主！若都無愛念者，則無憂苦塵勞。」

【語譯】「世間的尊者！如果菩薩和末法時代的有情眾生，也想在廣大寂靜的智慧海洋自在徜徉，那麼怎樣才能做到您剛才所說的，要斬斷無始無終陷我們於無盡輪迴的那個根本呢？生死輪轉的塵世裡，眾生之間存在幾種佛性根器的淺深差別，因之他們歷經修行，在成就佛陀、菩薩的果位上會有幾種差別呢？菩薩若返回充滿汙染勞苦的世間，應施設幾種方便法門來教化眾生，使其解脫呢？懇請不要捨棄您拯救世人的廣大悲憫，讓諸位修行中的菩薩和末法時代的眾生，都能徹底清潔眼目，讓智慧之光照耀人心，引導眾人領悟佛陀教導的無與倫比的見解。」提完這些問題，彌勒菩薩再次五體投地禮敬佛陀，如此重複了三次，求請佛陀的解答。

【箋疏】彌勒在提問之前，仍先用「大寂滅海」一句，將對話放入此前金剛藏節的脈絡之中：「以輪迴心，生輪迴見，入於如來，大寂滅海，終不能至。」本段展示彌勒的三個問題：第一問亦從金剛藏節「先斷無始，輪迴根本」而來。前節言修行者應先斷根本，而未明言何為根本。本節便是解釋，根本即愛欲。第二問針對修行者的種性和修行後所得果位的差別。第三問則針對菩薩而發，詢問其施設拯救應有幾種方式。

尒時世尊，告彌勒菩薩言：「善哉善哉！善男子！汝等乃能，為諸菩薩，及末世眾生，請問如來，深奧秘密，微妙之義，今諸菩薩，潔清慧目，及令一切，末世眾生，永斷輪迴，心悟實相，具無生忍❶。汝今諦聽，當為汝說。」時彌勒菩薩，奉教歡喜，及諸大眾，默然而聽。

【注釋】❶無生忍　「無生法忍」的簡稱，指認識到萬物無生無滅、本性是空的道理，而安住於此，不再退轉。後秦龜茲國鳩摩羅什（西元三四四—四一三年）譯《大智度論》卷二〇：「無生法忍者，於無生滅諸法實相中，信受通達，無礙不退，是名無生忍。」

【語譯】那時，世尊便向彌勒菩薩言道：「好啊好啊！信佛聞法而持戒行善的男兒！你們竟能為諸位菩薩以及末世百姓，向佛陀請教深奧的祕密、微妙的要旨，讓在座的諸位菩薩清潔眼目，並讓所有末法時代的眾生永遠脫離輪迴的循環，心中領悟萬物的本質真相，具備安住於諸法性空這一真理的智慧。現在你好好聽著，我來為你解說。」此時，見如來答允教誨，彌勒菩薩無盡歡喜，和其他所有大眾安靜聽講。

「善男子！一切眾生，從無始際，由有種種，恩愛貪欲，故有輪迴。若諸世界，一切種性，卵生❶胎生❷，濕生❸化生❹，皆因婬欲，而正性命。當知輪迴，愛為根本。由有諸欲，助發愛性，是故能令，生死相續。欲因愛生，命因欲有，眾生愛命，還依欲本；愛欲為因，愛命為果。由於欲境，起諸違順，境背愛心，而生憎嫉，造種種業❺，是故復生，地獄❻餓鬼❼；知欲可厭，愛厭業道❽，捨惡樂善，復現天人❾；又知諸愛，可厭惡故，棄愛樂捨❿，還滋愛本，便現有為⓫，增上⓬善果。皆輪迴故，不成聖道。是故眾生，欲脫生死，免諸輪迴，先斷貪欲，及除愛渴。

【注釋】❶卵生　梵語 aṇḍa-ja 意譯。四生之一。三界六道有情眾生共分四種類別，即四生。東晉罽賓國瞿曇僧伽提婆（生卒年不詳）譯《增壹阿含經》卷一七：「爾時世尊告諸比丘：有此四生。云何為四？所謂卵生、胎生、濕生、化生。」彌勒菩薩說，唐玄奘譯《瑜伽師地論》卷二：「云何卵生？謂諸有情，破殼而出。彼復云何？如鵞、雁、孔雀、鸚鵡、舍利鳥等。」❷胎生　梵語 jarāyu-ja 意譯。四生之二。彌勒菩薩說，唐玄奘譯《瑜伽師地論》卷二：「云何胎生？謂諸有情，胎所纏裹，剖胎而出。彼復云何？如象、馬、牛、驢等。」❸濕生　梵語 saṃsveda-ja 意譯。四生之三。彌勒菩薩說，唐玄奘譯《瑜伽師地論》卷二：「云何濕生？謂諸有情，隨因一種，濕氣而生。彼復云何？如蟲、蝎、飛蛾等。」❹化生　梵語 upa-pāduka 意譯。四生之四，指本來無所依託，憑藉業力而自然生出者。彌勒菩薩說，唐玄奘譯《瑜伽師地論》卷二：「云何化生？謂諸有情，業增上故，具足六處而生，或復不具。彼復云何？如天、那洛迦全，及人、鬼、傍生一分。」❺業　梵語 karma 意譯，即造作，指由思維、判斷指導的行動，包括肢體、語言、意念（身語意）三方面。業必然會產生果報，因此是眾生輪迴的原因。❻地獄　梵語 Naraka 意譯，音譯作泥犁，是輪迴流轉過程中最卑下痛苦的生存世界。六道之一。❼餓鬼　梵語 Preta 意譯，音譯薜荔多，六道之一。❽業道　梵語 karma-mārga 意譯，即有情眾生所造的善業、惡業生出苦樂果報的通道。而經文此處則特指惡業道。❾天人　梵語 Deva 意譯，音譯提婆，住在天界的有情眾生，六道之一。❿捨　梵語 Upekkhā 意譯，一種平等的解脫態度，不執著。初唐玄奘譯（高宗顯慶元年，西元六五六年）《阿毗達摩大毗婆沙論》卷一四一：「捨，謂平等作意相應，無貪善根為性。」⓫有為　梵語 saṃskṛta 意譯，刻意地造作。隋淨影慧遠《大乘義章》卷二：「為，是集起造作之義。」⓬增上　梵語 adhipati 意譯，強大、壓倒性，形容程度。

【語　譯】「信佛聞法而持戒行善的男兒！世間所有眾生，從無法推究原始的時代開始，由於有著各種不同的，恩情、愛戀、貪婪和欲望，所以無奈有著六道輪迴的命運。倘若大千世界，所有具佛性根器的生物種類，無論卵生、胎生還是濕生、化生，都是因為無盡的欲望，才得到並延續生命的。你們理應了解，造成生死輪迴不盡的根源正是貪愛。種種無盡的欲望，幫助誘發了貪愛的本性，正是這個緣故才讓有情眾生在生死綿綿中相續不斷。欲望緣貪愛而生，生命緣貪欲而有，世間眾生因貪愛而生性命，所依傍的正是本有的欲望。貪婪地滿足欲望是生生不斷的原因，貪求延續生命是生生不斷的結果。由於欲求的情境，有違背本心的也有順應本心的種種不同，若遇到違背貪求的情形，內心便會生出憎惡嫉妒，而造成種種惡業，因之又會轉生於地獄道、餓鬼道。了解到貪欲的可厭可鄙，樂於厭棄貪愛欲望所生的惡業道，捨棄惡業而樂於累積善業，便會轉生天道而顯現為天人的形象。又了知諸多貪愛，乃可厭可惡，因之拋棄愛欲而樂於施與捨棄，這樣做仍會滋養內心深處愛渴的根本，隨之結出刻意造作的有加倍效力的善妙果報。然而以上無論哪種情況都是輪迴的業因，無助修行者走上成聖的道路。因此世間眾生要想脫離生死輪迴的宿命，務須先行斷除貪欲，斬除內心的愛渴。

「善男子！菩薩變化❶，示現世間，非愛為本，但以慈悲❷。令彼捨愛，假諸貪欲，而入生死。若諸末世，一切眾生，能捨諸欲，及除憎愛，永斷輪迴，勤求如來，圓覺境界，於清淨心，便得開悟。」

【注　釋】❶變化　初唐窺基（西元六三二—六八二年）《大乘法苑義林章》卷七：「轉換舊形名變，無而忽有名化。」❷慈悲　慈與悲的合稱。後秦龜茲國鳩摩羅什（西元三四四—四一三年）譯《大智度論》卷二七：「大慈與一切眾生樂，大悲拔一切眾生苦。」

【語　譯】「信佛聞法而持戒行善的男兒！菩薩為了拯救世人而以諸般變化形象，因勢利導地顯現在世人中間，並不是憑藉眾生秉性中的愛，而出自佛性中的予樂拔苦的大慈大悲。菩薩為了引導眾生透悟愛戀的虛假，反而會變本加厲地假借萬般貪求欲念，相隨愚人求生入死而與世沉浮。若末法時代的一眾蠢蠢群生，最終能捨棄諸般欲望，除卻愛恨情仇，永遠斷滅輪迴的根本，勤勉地追求佛陀圓滿覺悟的神妙境界，那麼其本來清虛潔淨的心靈，便會得到終極的徹悟。

【箋　疏】以上兩段，回答彌勒的第一個問題。愛欲才是輪迴的根本，而慈悲不同於愛欲。

「善男子！一切眾生，由本貪欲，發揮無明，顯出五性❶，差別不等；依二種障，而現深淺。云何二障？一者理障❷，礙正知見；二者事障❸，續諸生死。云何五性？

【注　釋】❶五性　又稱五種性，依成佛或不可成佛的機緣深淺的差別，眾生分為五種，而這種差別又是其秉性而來的。北魏天竺菩提流支譯《入楞伽經》卷二：「大慧！我說五種，乘性證法。何等為五？一者，聲聞乘性證法；二者，辟支佛乘性證法；三者，如來乘性證法；四者，不定乘性證法；五者，無性證法。」這一說法，和《圓覺經》此段的五性分類，大同小異。❷理障　又名所知障，梵語 jñeyāvaraṇa 意譯，意為世俗的判斷阻礙有情眾生，令其無法獲得菩提正智。唐玄奘譯（高宗顯慶四年，西元六五九年）《成唯識論》卷九：「所知障者，謂執遍計所執實法。」❸事障　又名煩惱障，梵語 kleśāvaraṇa 意譯，意為引起眾生執著的情境，令其無法獲得涅槃解脫。唐玄奘譯（高宗顯慶四年，西元六五九年）《成唯識論》卷九：「煩惱障者，謂執遍計所執實我。」

【語譯】「信佛聞法而持戒行善的男兒！世間眾生，正是由於秉性中的貪婪欲望，這才滋生出愚昧無知，顯示出五種差異不同的本性。這五種本性乃因受到兩重障礙的阻隔，故深淺不同地陷在愚昧的泥沙之中。怎樣的兩重障礙呢？一種叫做理智認知上的障礙，它阻礙眾生形成正確的見解；一種叫做事情境況上的障礙，它讓生命溺於輪迴無法超脫。什麼是五種差異不同的本性呢？

【箋疏】據涵虛，五性為二乘性、菩薩性、佛性、不定性、外道性。據孝宗，理障在心故深，事障在境故淺。

「善男子！若此二障，未得斷滅，名未成佛。若諸眾生，永捨貪欲，先除事障，未斷理障，但能悟入，聲聞緣覺❶，未能顯住，菩薩境界。

【注釋】❶緣覺　因緣而覺悟的簡稱，梵語 pratyeka 意譯，音譯辟支。指獨自憑藉體察十二因緣的道理而非聞佛聲教，因之悟道。

【語譯】「信佛聞法而持戒行善的男兒！如果理事兩種障礙，不能斷除消滅，終究不可能成就佛果。若世間眾生永遠捨棄貪欲，摒除讓人心生煩惱的世俗情境，卻未能斷滅世俗的分別判斷，那麼只能覺悟到聲聞、緣覺二乘性的階段，還不能停留在菩薩性的境界。

【箋　疏】本段講五性中的第一性，即聲聞、緣覺的二乘性。

「善男子！若諸末世，一切眾生，欲泛如來，大圓覺海，先當發願，勤斷二障。二障已伏，即能悟入，菩薩境界。若事理障，已永斷滅，即入如來，微妙圓覺，滿足菩提，及大涅槃。

【語　譯】「信佛聞法而持戒行善的男兒！倘若末法時代的世間眾生想徜徉在佛陀的圓滿覺悟的智慧海洋，就應發下誓願，勤勉地斷除事理兩種障礙。兩種障礙一時制伏之後，便能憑藉覺悟，進入菩薩性的境界了。而再進一步若事理兩種遮蔽，徹底得以斷除消滅，便會進入佛陀深微奧妙、圓滿具足的智境和永恆寧靜的國土了。

【箋　疏】本段講五性中的第二、第三性，即菩薩性、佛性。

「善男子！一切眾生，皆證圓覺❶：逢善知識❷，依彼所作，因地法行，尒時修習，便有頓漸；若遇如來，無上菩提，正修行路，根無大小，皆成佛果。若諸眾生，雖求善友，遇邪見者，未得正悟，是即名為，外道❸種性。邪師過謬，非眾生咎。是名眾生，五性差別。

【注　釋】❶一切眾生二句　北宋謝逸《溪堂集・圓覺經皆證論序》：「荊國王文公常問真淨禪師曰：諸經皆首標時處，獨《圓覺經》不然，何也？真淨曰：頓乘所演，直示眾生日用。日用現前，不屬古今。老僧與公同入光明藏，游戲三昧，互為賓主，非關時處。又問：《圓覺經》云，『一切眾生，皆證圓覺。』而圭峯禪師易『證』為『具』，謂是譯者之訛，其義是否？真淨曰：《圓覺經》若可易，《維摩經》亦可易。《維摩經》豈不滅，亦不滅受蘊取證。然則『取證』與『皆證』之義，亦何異哉？蓋眾生現行無明，即如來根本大智。圭峯之說非是。文公大悅，稱賞者久之。」❷善知識　梵語 Kalyāṇa-mitra 意譯，直譯為「善友」，指良師益友。❸外道　梵語 tīrthika 意譯，即異教、異端，指佛教以外的思想學說。

【語　譯】「信佛聞法而持戒行善的男兒！世間眾生本性原來均可證悟圓覺：若遇到良師益友，依模畫樣地，隨著他的求法路徑，那樣修行之後，利根人則頓悟而鈍根人便漸修；倘若遇到如來，蒙其指點無以復加的佛法智慧，走上正確無誤的修行之路，那麼無論根器大小淺深，皆能成就佛陀的果位。又倘若眾生雖然渴求良師益友，卻不幸遇到秉持邪說惡見的人，為之薰習而無法獲得正道解悟，這便是所謂的外道種性。當然邪師惡友的誤導，並非眾生的過錯。綜上所述，一共是五種眾生佛性根器上的差別。

【箋疏】本段講五性中的第四、第五性，即不定性、外道性。

「善男子！菩薩唯以，大悲方便❶，入諸世間，開發未悟，乃至示現，種種形相，逆順境界，與其同事，化令成佛。皆依無始，清淨願力❷。若諸末世，一切眾生，於大圓覺，起增上心，當發菩薩，清淨大願，應作是言：『願我今者，住佛圓覺，求善知識，莫值外道，及與二乘，依願修行，漸斷諸障，障盡願滿，便登解脫，清淨法殿，證大圓覺，妙莊嚴域。』」

【注釋】❶大悲方便　方便原指善巧法門，此處則為「勤修法門」之意。大悲方便，即菩薩以平等無遮的廣大慈悲，代眾生忍受諸般煩惱，以此為成就佛果的勤修法門。大悲方便乃「十種方便」的八種，出自東晉迦毗羅衛國佛陀跋陀羅（西元三五九－四二九年）譯《華嚴經》（舊譯《六十華嚴》）卷四〇〈離世間品〉：「佛子！菩薩摩訶薩，有十種方便。何等為十？……代一切眾生受諸苦惱，不捨大悲方便，解一切法無自性故。」武周于闐實叉難陀譯（武周聖曆二年，西元六九九年）《華嚴經》（新譯八十華嚴）作「大悲勤修」，故知宗密《大疏》中《圓覺經》為佛陀多羅譯於（武周）長壽二年（西元六九三年）之說，為可信。❷願力　梵語 pūrva-praṇidhāna 意譯，「本願力」的簡稱。指菩薩在因位即往昔尚未成就菩薩道的階段，所許下的本來願望，其所形成的善業之力。

【語　譯】「信佛聞法而持戒行善的男兒！菩薩正應以平等無遮而代眾生受苦的廣大慈悲的勤修法門，進入塵世，以啟迪蒙昧，乃至在眾生面前不惜幻化，而為種種應機所需的形象，無論所伴愚者所處人生的順境或逆境，自始至終與其同富貴共患難，最終點化令其成就佛果。之所以如此都是依靠往昔因位許下的，純粹的本願之力。如果末法時代的一切眾生，對於悟入圓滿的覺悟境界，能生起勇猛精進的志向，就應該發下菩薩當初發過的純淨莊嚴的誓願，應當這樣宣讀誓言：『願我這一次，留住在佛陀的圓覺世界，尋覓到良師益友，不要碰到邪魔外道的蠱惑，和聲聞、緣覺二乘的修行者一起，依據所發下的宏願努力修行，逐漸斷除事理二障，待障礙除盡，終能登上解脫輪迴的彼岸，進入清淨佛法殿堂，證悟廣大圓滿的覺悟，永駐奇妙莊嚴的聖域。』」

【箋　疏】本段回答彌勒的第三個問題。前半部分針對菩薩而言，說明菩薩為了方便化度眾生，乃隨機示現，沒有固定的形象。後半部分則鼓勵信徒，應發下如菩薩一般的宏願，且從師學道應擇善而從。

尒時世尊，欲重宣此義，而說偈言：「彌勒汝當知：一切諸眾生，
不得大解脫，皆由貪欲故，墮落於生死。若能斷憎愛，及與貪瞋❶癡，
不因差別性，皆得成佛道。二障永銷滅，求師得正悟，隨順菩提願，依

止大涅槃。十方諸菩薩，皆以大悲願，示現入生死。現在❷修行者，及末世眾生，勤斷諸愛見，便歸大圓覺。」

【注釋】❶瞋 同「嗔」。❷現在 現在世的簡稱，梵語 pratyutpanna 意譯。唐玄奘譯《阿毘達磨集異門足論》：「現在世云何？答：諸行已起已等起，已生已等生，已轉已現轉，聚集出現。住未已謝，未已盡滅，未已離變，和合現前。現在性、現在類、現在世攝，是謂現在世。」

【語譯】那時，世間的尊者想重新闡明上述道理的大義，故以應頌的方式再次唱道：「彌勒菩薩你應當知道：世間眾生之所以不能得到根本解脫，都是由於秉性貪婪的緣故，所以才墮落在生死輪迴的業道中無以自拔。如果能斬斷憎恨與愛戀，阻止貪婪、嗔怒和癡愚這三毒的氾濫，那麼無論五種性中的哪一種，實則都可最終走上成佛的大道。若能永遠消除事理二障的阻礙，依憑著追求終極覺悟的誓願，那麼終可以安住於究極的寂靜。四方思維上下的諸位菩薩，都藉著廣大慈悲的宏願，陪伴塵世的凡人出生入死。無論一剎那的修行者，還是所有末法時代的群生，若能勤勉地斷除起於憎愛的世俗見解，就都能登入廣大無邊的圓覺法藏。」

正宗分六・清淨慧菩薩

【分　旨】據涵虛，本節又是承接上節彌勒菩薩的分旨而來。彌勒意在轉愛成慈。而本節則意在令世人轉塵垢癡愚為清淨智慧。此外，眾生在未悟和已悟階段，由於把握圓覺本心的不同，而存在五種不同的修證差別。

於是，清淨慧菩薩❶，在大眾中，即從座起，頂禮佛足，右遶三帀，長跪叉手，而白佛言：「大悲世尊！為我等輩，廣說如是，不思議❷事，本所不見，本所不聞。我等今者，蒙佛善誘，身心泰然，得大饒益。願為一切，諸來法眾❸，重宣法王，圓滿覺性。一切眾生，及諸菩薩，如來世尊，所證所得，云何差別？令末世眾生，聞此聖教，隨順開悟，漸次能入。」作是語已，五體投地，如是三請，終而復始。

【注釋】❶清淨慧菩薩　梵語 Visuddha-mati 意譯。❷不思議　梵語 āścarya 意譯，指無法用世俗的智慧思考，也無法用世俗的語言陳述的。❸願為一切二句　底本（《思溪藏》）「願為一切，諸來法眾」與再雕《高麗藏》本同。〈正宗分一・文殊師利菩薩〉有「願為此會，諸來法眾」的句式，與本分同。《趙城金藏》本、孝宗注本、涵虛注本皆作「願為諸來，一切法眾」，誤。

【語譯】此時，清淨慧菩薩從徒眾中的座位站起身來，五體投地而頭觸佛足，起身順向右繞佛陀三周，長跪叉手稟告佛陀：「悲憫而欲為眾生拔苦的世尊！為了我們這些人，周全地解說這些不可思慮、言說的真相，是有情眾生本所未見，也本所未聞的。我們這些人，如今承蒙佛陀的諄諄善誘，感到身心無比舒適，得到廣大無邊的恩惠。懇請您為所有來此集會尋求教導的大眾，重新解說佛法世界的無上王者，他所擁有的圓滿覺悟吧。所有世間眾生，以及諸位菩薩，其與世間的尊者即如來佛之間，所實現、所求得的，有怎樣的差別呢？懇求您讓末法時代的眾生，也能聽聞此次神聖的教導，依從您的指引而開心悟道，一步步地能夠步入悟境。」提完這些問題，清淨慧菩薩再次五體投地禮敬佛陀，如此重複了三次，求請佛陀的解答。

尒時世尊，告清淨慧菩薩言：「善哉善哉！善男子！汝等乃能，為諸菩薩，及末世眾生❶，請問如來，漸次差別。汝今諦聽，當為汝說。」時清淨慧菩薩，奉教歡喜，及諸大眾，默然而聽。

【注釋】❶為諸菩薩二句　底本作「為末世眾生」，脫「諸菩薩，及」四字，與本經其他十一位菩薩的行文結構皆不符。《高麗藏》、《趙城金藏》等皆作「為諸菩薩，及末世眾生」，據補。

【語譯】那時，世尊便向清淨慧菩薩言道：「好啊好啊！信佛聞法而持戒行善的男兒！你們竟能為諸位菩薩以及末世百姓，向佛陀請教修行者、賢者與聖者之間在修習、證悟過程中的階級差別。現在你好好聽著，我來為你解說。」此時，見如來答允教誨，清淨慧菩薩無盡歡喜，和其他所有大眾安靜聽講。

「善男子！圓覺自性，非性性有，循諸性起。無取無證。於實相中，實無菩薩，及諸眾生。何以故？菩薩眾生，皆是幻化，幻化滅故，無取證者。譬如眼根，不自見眼。性自平等，無平等者。眾生迷倒，未能除滅，一切幻化，於滅未滅。妄功用❶中，便顯差別。若得如來，寂滅隨順，實無寂滅，及寂滅者。

【注釋】❶功用　梵語 kriyā 意譯，指假借身體、語言、思維而修證萬法為空的真諦，而不能在自然而然的狀態下，任運自如地修證。

【語譯】「信佛聞法而持戒行善的男兒！圓滿覺悟的本來性質，是沒有性狀也就是空的，與此同時它卻又有依憑種種因緣而無中生有的秉性。故就圓覺妙法而言無所謂獲取的修，也無所謂實現的證。就世間真相而言，也實在無所謂菩薩，也無所謂眾生。為什麼呢？菩薩和眾生，原都是虛幻變化而來的，幻化的萬象終歸寂滅，所以說無所謂獲取者，也無所謂實現者。比如眼睛這種認知器官，它無法看到自身。世間萬法的本性便是平等不二的空，並不存在一種令其變空的他者。有情眾生迷茫而顛倒真假，沒能力斷滅所有的變化假相，更沒能力斷滅『斷滅』這件事情本身。眾生在虛妄地利用身口意修行的過程中，就暴露出其與佛陀證悟境界的高下差別了。反之如果能像如來那樣，依順著天然寂靜的圓覺本心，就會發現本來沒有所謂的寧靜彼岸，也沒有那個能幫你帶往寧靜的外在力量了。

「善男子！一切眾生，從無始來，由妄想我，及愛我者，曾不自知，念念生滅，故起憎愛，耽著五欲❶。若遇善友，教令開悟，淨圓覺性，發明❷起滅，即知此生，性自勞慮。若復有人，勞慮永斷，得法界淨，即彼淨解，為自障礙，而不自在❸。此名凡夫，隨順覺性。

【注釋】❶五欲　梵語 Pañca-Kāma 意譯，五欲樂的簡寫，即色欲、聲欲、香欲、味欲、觸欲，指沾染色聲香味觸這五境或曰五塵，而生起的貪欲執著。姚秦罽賓曇摩耶舍譯《舍利弗阿毘曇論》卷一九：「何謂五欲。眼識色愛喜適意愛色欲染相續。耳鼻舌身識觸亦如是說。是名五欲。」❷明 底本作「朙」，敦煌本作「明」，《高麗藏》、《趙城金藏》等皆作「明」。❸而不自在 敦煌本脫「自」。自在，梵語 īśvara 意譯，即無障礙，指脫離輪迴苦惱之後的自由自在。

【語譯】「信佛聞法而持戒行善的男兒！有情眾生，從世間萬物尚未創生之時，便荒誕地認為個體主宰的所謂自我乃實有之事，並進而貪婪地保育自我，卻從來不曾反躬自省，正是一個荒唐取捨接著一個荒唐取捨的起起滅滅相續不斷，才導致他們愛恨交加，沉溺於色、聲、香、味、觸的五濁欲望無法自拔。如果有幸遇到良師益友，在其教導下開通心智而了悟潔淨的圓覺自性，發現明了世間萬物生滅無常的真相，便能理解，這一生本質上無非是一場自尋煩惱勞苦的歷程。這時如果某位修行者，雖斬斷導致勞煩的根源，得知萬物清淨的真相，卻就此誤以為那清淨彼岸乃為實有，因之對於清淨彼岸乃為實有的見解反而成為令人禁錮的高牆。這樣的話他與真正意義上的圓滿覺悟之間，仍然存在扞格牴牾。這種層次，就是平凡的人所能把握的覺悟境界。

【箋疏】本段主旨，在所覺。據宗密《大疏》、孝宗，「淨解」指誤認清淨彼岸乃為實有這一見解。

「善男子！一切菩薩，見解為礙。雖斷解礙，猶❶住見覺。覺礙為礙，而不自在。此名菩薩，未入地❷者，隨順覺性。

【注釋】❶猶 底本作「由」，音近而訛，當作「猶」。《高麗藏》、《趙城金藏》、《嘉興藏》本《圓覺經》，及宗密《略疏》、涵虛《解》等，皆作「猶」。❷地 果地的簡稱，相對於因地而言，指修行之後所得到的作為結果的位階。

【語譯】「信佛聞法而持戒行善的男兒！那些初發心修習佛道而程度尚淺的菩薩，可以明了誤認清淨彼岸乃為實有的見解，誠為障礙。然而他們雖能識破彼岸的虛假，卻仍舊膠著於要反省這種誤解的那種刻意。這種對於反躬自省的執著反過來又成為了新的障礙，而令這種菩薩無法獲得自由。這種層次，就是尚未進入任何一種果地的修行者所能把握的覺悟境界。

【箋疏】本段主旨，在能覺。據宗密《大疏》、孝宗，「見覺」指能覺悟的手段。又據涵虛，這種手段是一時的方便法門。

「善男子！有照有覺，俱名障礙。是故菩薩，常覺不住❶，照與照者，同時寂滅。譬如有人，自斷其首，首已斷故，無能斷者❷。則以礙心，自滅諸礙，礙已斷滅，無滅礙者。修多羅教，如摽月指❸。若復見月，了知所摽，畢竟非月。一切如來，種種言說，開示菩薩，亦復如是。此名菩薩，已入地者，隨順覺性。

【注　釋】❶不住　即無住，指心不執著於某一固定的對象，因之自由自在。後秦僧肇《注維摩詰經》卷六：「法無自性，緣感而起。當其未起，莫知所寄。莫知所寄，故無所住。無所住故，則非有無。非有無，而為有無之本。無住，則窮其原，更無所出，故曰無本。無本，而為物之本。」❷無能斷者　敦煌本脫「斷」。❸月指　月比喻佛法真諦，指比喻闡明真諦的語言文字等方便法門。唐中天竺般剌蜜諦譯《楞嚴經》卷二：「如人以手，指月示人，彼人因指，當應看月。若復觀指，以為月體，此人豈唯，亡失月輪，亦亡其指。」

【語　譯】「信佛聞法而持戒行善的男兒！若認清淨彼岸和反躬自省為實有，那麼彼岸和自省就反過來都化為障礙了。因此有修為的菩薩，總能反躬而又不膠著反躬的目的和反躬自身，達到照徹領悟的對象和照徹領悟的能力，兩者同時超越而達至寂滅的境界。好比有人，自己斬斷了他的頭顱，頭顱既已斬斷，就沒有再能斬斷頭顱的那個自身了。那麼憑藉一顆能超越障礙的心，識破了重重障礙，就會發現既然障礙均已消滅，便不再需要那顆破除障礙的慧心了。即使佛陀經教，也只是像指明月亮方位的手指，若觀月的人順著手指看到天上的明月，就該意識到用來標示的手指，說到底不是明月本身。所有佛陀的百千言教，不過用於啟迪菩薩及眾生，它的意義也僅此而已。這種層次，就是已經進入某種果地的修行者所能把握的覺悟境界。

【箋　疏】本段主旨，在能所具泯。據宗密《略疏》，經中「礙心」指「覺礙之覺」。

「善男子！一切障礙，即究竟覺。得念失念❶，無非解脫。成法破法，皆名涅槃。智慧愚癡，通為般若。菩薩外道，所成就法，同是菩提。無明❷真如，無異❸境界。諸戒定慧❹，及婬怒癡❺，俱是梵行❻。眾生國土，同一法性。地獄天宮❼，皆為淨土❽。有性無性❾，齊成佛道。一切煩惱，畢竟解脫。法界海慧，照了諸相，猶如虛空。此名如來，隨順覺性。

【注　釋】❶得念失念　「獲得正念、失卻正念」的簡稱。念，梵語 smṛti 意譯，又稱繫念，指修行者將意念繫縛穩定於某一對象，專注地觀察它，而進入一種穩定的心理狀態。以正確的方式實踐念這一修行法門，就是正念。東晉罽賓僧伽提婆譯《中阿含經》卷七：「諸賢！云何正念？謂聖弟子念苦是苦時，習是習，滅是滅，念道是道時，或觀本所作，或學念諸行，或見諸行災患，或見涅槃止息，或無著念觀善心解脫時，於中，若心順念，背不向念，念遍念憶，復憶心心不忘，心之所應，是名正念。」❷明　底本作「朙」，敦煌本作「明」，《高麗藏》、《趙城金藏》等皆作「明」，據改。❸異　敦煌本作「畢」，誤。❹戒定慧　即持戒、禪定、智慧的簡稱，三者總稱「三學」。三者分別用以制伏貪愛、嗔恚、癡愚這三毒。❺婬怒癡　即貪嗔癡的另一種表述，也是貪愛、嗔恚、癡愚的另一種簡稱，三者總稱「三毒」。❻梵行　梵語 Brahmacaryā 意譯，直譯為符合梵天規範的行為，即持戒、行善的行為。所謂持戒，特指持五戒（不殺生、不偷盜、不邪淫、不妄語、不飲酒）。這一術語源於古印度的婆羅門教信仰，後為佛教所借用。❼天宮　梵語 deva-pura 意譯，帝釋天所住的地方。❽土　敦煌本作「圡」。❾無性　不具有出離輪迴獲得解脫的本性，指「一闡提」即斷絕一切善根而無法成佛者。

【語　譯】「信佛聞法而持戒行善的男兒！世間的所有障礙，都是無上的覺悟本身。無論獲得正念或失卻正念，兩者都是脫離輪迴。樹立正法或破壞正法，兩者都是證入涅槃。佛陀的智慧或凡人的愚昧，兩者都是般若。菩薩道的修行者或異端的修行者，兩者獲得的成就，都是菩提覺悟。不了解萬法皆空的真相或徹底了悟這個真相，兩者都是無差別的境界。持戒、禪定、智慧的三學，或所有貪愛、嗔恚、癡愚的三毒，兩者都是符合梵天要求的善行。世間的有情眾生或無情的草木國土，兩者都有同樣真實不變的本性。陰暗恐怖的地獄或帝釋天居住的長樂所在，兩者都是清淨的佛國樂土。具有或不具有出離輪迴而獲得解脫的本性的，兩者最終都可走上成佛的道路。世間的所有煩惱束縛，說到底終究會得到自由而解脫。這種揭示世界本質的智慧有如大海般廣闊渾厚，能夠充盈於無盡的虛空，能像明燈一樣徹底照清萬物的本來面目。這種層次，就是已然經由佛陀把握了的覺悟境界。

【箋　疏】本段泯除一切邊見，其思想源於《大般涅槃經》，同於《大乘起信論》的「真如緣起」說。

「善男子！但諸菩薩，及末世眾生，居一切時，不起妄念；於諸妄心，亦不息滅；住妄想境，不加了知；於無了知，不辨真實。彼諸眾生，聞是法門，信解受持，不生驚畏，是則名為，隨順覺性。

【語　譯】「信佛聞法而持戒行善的男兒！只要諸位菩薩，和末法時代的世間眾生，無論何時，都不生起任何虛妄的念頭。對於種種虛幻不實的念頭，也不去刻意澆滅它們。坦然安住於諸種虛妄的人生境界，而對其不刻意地加以分析。對於這種消解世俗理性的認知狀態，也不去刻意觀照以辨別真假與否。世間眾生，聽說這種反常的修行方法，若能信任、理解而接受、奉持，心中不生驚恐畏懼，那麼這種層次，就是終極性地把握住圓覺本心的覺悟境界。

【箋　疏】據涵虛，不起妄念、亦不熄滅、不加了知、不辨真實，此「四不」是為了徹底進入「忘」的境界。它與《莊子》的「坐忘」理路相似。

「善男子！汝等當知，如是眾生，已曾供養，百千萬億，恆河沙諸佛，及大菩薩❶，植眾德本❷。佛說是人，名為成就，一切種智❸。」

【注　釋】❶大菩薩　深刻修持般若波羅蜜正法的菩薩，發自利利他之心，因而住於菩薩果位而不再退轉。相對於大菩薩的，是仍有可能因懈怠退轉的小菩薩，如本經曾提及的初發心菩薩。❷植眾德本　敦煌本脫「德」。❸一切種智　三智（一切智、道種智、一切種智）之一，指通達了悟世間萬法之總相即空相、別相即色相的根本智慧，為佛陀所獨有。後秦龜茲國鳩摩羅什（西元三四四—四一三年）譯《大智度論》卷二七：「佛盡知諸法總相、別相故，名為一切種智。一切智是聲聞、辟支佛事，道智是諸菩薩事，一切種智是佛事。」

【語　譯】「信佛聞法而持戒行善的男兒！你們理當知曉，上述此類隨順覺性的眾生，其歷盡劫數的前身原曾供養過，成百上千萬億，如恆河之沙般眾多的佛陀，和大菩薩，因此曾為自身種下數量龐大的功德之根。佛陀開示，此類人實則便是成就了一切種智的佛果的人。」

【箋　疏】據涵虛，本段與上一段形成一個整體，而與前述諸段落所展示的所證所得的漸次差別形成對照，意在從頓機頓悟的高度，消解差別的合法性，以示所謂差別不過是方便說法。前為漸，此為頓。

爾時世尊，欲重宣此義，而說偈言：「清淨慧當知：圓滿菩提性，
無取亦無證，無菩薩眾生。覺與未覺時，漸次有差別，眾生為解礙，菩
薩未離覺。入地❶永寂滅，不住一切相，大覺悉圓滿，名為遍隨順。末
世諸眾生，心不生虛妄。佛說如是人，現世即菩薩，供養恆沙佛❷，功
德已圓滿。雖有多方便，皆名隨順智。」

【注　釋】❶地　「十地」中的佛地，指菩薩依據無漏智斷盡疑惑而進入的徹悟境界。❷恆沙佛　底本原作「供養河沙佛」，訛。敦煌本作「供養恆沙佛」，據改。

【語　譯】那時，世間的尊者想重新闡明上述道理的大義，故以應頌的方式再次唱道：「清淨慧

菩薩你應當知道：對於終極的圓滿無缺的菩提自性而言，眾生本來既無所謂求取也無所謂修證，因之所謂菩薩與眾生之間的取證差別原亦虛妄不實。但從未曾覺悟到徹底覺悟之間的道路上，凡夫與菩薩之間仍然存在著階梯性的漸次分別，凡夫受到世俗聰明的阻礙，而菩薩則反而受制於覺悟。而悟入佛地者便擁有了永恆的安寧，不滯於一切世俗幻相，偉大的覺悟圓滿周遍無有窒礙，這種狀態便是絕對地把握住了圓覺本心。這種境界的有情眾生即使生活在末法時代，其內心也不再生起虛妄。佛陀開示，此類人便是現世菩薩，前世早已供養過恆河沙般眾多的佛陀，如今功業、德行皆周全無缺。雖然未悟階段仍有多種方便法門、證悟差別，但無論哪種都是對於圓覺本心的某種把握。」

正宗分七・威德自在菩薩

【分旨】據涵虛，本節再承前兩節而來。彌勒節意在轉愛成慈，清淨慧節意在轉癡成慧，本節意在轉嗔成威。之所以名為「威德自在」，又在於威嚴與德澤這對矛盾的調和。本節威德自在仍舊代替頓根人發問。其一，有幾種修行方法；其二，有幾種修行者。似乎彌勒節重在起點，清淨慧節重在終點，威德自在節重在過程，尤其針對頓根。關於修行方法，根據個人氣性傾向的不同，分為奢摩他、三摩鉢提、禪那，總稱「圓覺三觀」。

於是，威德自在菩薩❶，在大眾中，即從座起，頂禮佛足，右遶三帀，長跪叉手，而白佛言：「大悲世尊！廣為我等，分別如是，隨順覺性。令諸菩薩，覺心光明，承佛圓音，不因修習，而得善利。

【注釋】❶威德自在菩薩　源於密教中「五大明王」中的西方明王「大威德明王」（梵語 Yamāntaka 意譯），

並加以轉化而來。大威德明王通常呈現憤怒的形象，有六臂六面六足，背負火焰，手持多種武器，有時騎乘水牛。

【語　譯】此時，威德自在菩薩從徒眾中的座位站起身來，五體投地而頭觸佛足，起身順向右繞佛陀三周，長跪叉手稟告佛陀：「悲憫而欲為眾生拔苦的世尊！周全詳盡地為了我們，分辨此類，未悟、已悟階段對於圓覺本心把握程度上的區別。而讓在座的諸位菩薩，感受到自身覺心固有的光明，承蒙佛果宣化淵妙的音聲教法，無需通過艱苦的修習，便能得到功德利益。

「世尊！譬如大城，外有四門，隨方來者，非止一路。一切菩薩，莊嚴佛國，及成菩提，非一方便。唯願世尊，廣為我等，宣說一切，方便漸次。并修行人，揔有幾種？今此會菩薩，及末世眾生，求大乘者，速得開悟，遊戲如來，大寂滅海。」作是語已，五體投地，如是三請，終而復始。

【語　譯】「世間的尊者！好比都會大城，外郭有四個城門，四方隨其方便進入城門的人，可走的不只有一條路。一切菩薩，踏入莊嚴佛國，成就菩提正道，可用的不只有一種方法。衷心地盼望世尊，周全地為我們這些頓根的人，宣講所有，方便易行的一步步的方法。並告訴我們，一共有幾種修行人的類別呢？如此可讓參加此次法會的諸位菩薩，以及末法時代的有情眾生，所有求取搭上大乘法船的人，都能迅速獲得開悟，暢遊在如來佛陀所住的，廣大寧靜的法海當中。」提完這些問題，威德自在菩薩再次五體投地禮敬佛陀，如此重複了三次，求請佛陀的解答。

爾時世尊，告威德自在菩薩言：「善哉善哉！善男子！汝等乃能，為諸菩薩，及末世眾生，問於如來，如是方便。汝今諦聽，當為汝說。」時，威德自在菩薩，奉教歡喜，及諸大眾，默然而聽。

【語譯】那時，世尊便向威德自在菩薩言道：「好啊好啊！信佛聞法而持戒行善的男兒！你們竟能為諸位菩薩以及末世百姓，向佛陀請教，這樣的方便法門。現在你好好聽著，我來為你解說。」此時，見如來答允教誨，威德自在菩薩無盡歡喜，和其他所有大眾安靜聽講。

「善男子！無上妙覺，遍諸十方。出生如來，與一切法，同體平等。於諸修行，實無有二。方便隨順，其數無量。圓攝所歸，循性差別，當有三種。

【語　譯】「信佛聞法而持戒行善的男兒！至尊至妙的圓滿覺性，原本遍於十方世界。它所衍生的佛陀，與世間萬物，本質上原本平等無差。因此眾生與佛陀的修行方法，本質上也沒有根本的不同。其具體的修行途徑，若本著圓覺本心，可有無窮盡的數量。然而若收攝規約，依據眾生氣質性格的差別，可有三種不同的方便法門。

「善男子！若諸菩薩，悟淨圓覺，以淨覺心，取靜為行。由澄諸念，覺識煩動，靜慧❶發生。身心客塵❷，從此永滅。便能內發，寂靜輕安❸。由寂靜故，十方世界，諸如來心，於中顯現，如鏡中像。此方便者，名奢摩他❹。

【注　釋】❶靜慧　安心寧靜的智慧，即針對空性的透徹領悟。❷客塵　梵語āgantuka意譯。相對於清淨的自性而言，煩惱是因為迷惘故自外而來，猶如塵霾能夠蒙覆心靈，所以喻為客塵。後秦僧肇《注維摩詰經》卷五：「心遇外緣，煩惱橫起，故名客塵。」❸輕安　梵語prasrabhi意譯。身體與心靈的粗重部分也就是惡，得以止息，由此修行者排除了進入三昧狀態的障礙，先感到心靈繼而感到身體的輕快、安樂。❹奢摩他　梵語shamatha音譯，意譯止定。指以專注力安定身心。

【語　譯】「信佛聞法而持戒行善的男兒！如果諸位菩薩，了知圓滿覺悟的自心本自清淨，便應憑藉本淨本覺的自心，以收攝歸靜為修行法門。由於澄清了諸般思慮，故了悟世間虛妄的認識只能帶來煩惱、躁動，因之萌發出沉靜的智慧。覆蓋身體、心靈的外在煩惱塵霾，隨之從此永遠斷滅。於是便能從內心深處啟發出，恬靜的輕快與安樂。憑藉如此深沉的寧靜，廣大十方世界無數佛陀的覺心，皆明白映現於修行者的覺心，正如明鏡清晰地映照出萬象一般。這種方便法門，稱為奢摩他。

「善男子！若諸菩薩，悟淨圓覺，以淨覺心，知覺心性，及與根塵，皆因幻化。即起諸幻，以除幻者。變化諸幻，而開幻眾。由起幻故，便能內發，大悲輕安。一切菩薩，從此起行，漸次增進：彼觀幻者，非同幻故，非同幻觀，皆是幻故，幻相永離。是諸菩薩，所圓妙行，如土長苗❶。此方便者，名三摩鉢提❷。

【注釋】❶苗　底本作「苗」，形近而訛，《高麗藏》、《趙城金藏》等皆作「苗」，據改。❷三摩鉢提　梵語Samāpatti音譯，又寫作三摩鉢底，意譯等至。本節中，三摩鉢提指幻觀。

【語譯】「信佛聞法而持戒行善的男兒！如果諸位菩薩，了知圓滿覺悟的自心本自清淨，便應憑藉本淨本覺的自心，徹悟世俗的心智，及眼耳鼻舌身意這內六根、色聲香味觸法這外六塵，都是由於無明故幻化而有的。因之生起諸般能照徹幻象的智慧，藉其除滅身心及客塵的虛幻。如此修行者便能隨機變化示現種種幻象，以此開悟世間沉迷於虛幻的眾生。由於具備了能照徹幻象的智慧，於是便能從內心深處啟發出，因悲憫而廣度溺於幻境的眾生的輕快與安樂。一切修道中的菩薩，皆可依據這一方便法門而開啟修行，逐漸積累以增進功德：首先，那種憑藉清淨慧目觀照世間幻象的能力，由於與虛幻的假象不同，因此不屬於虛妄的世俗智；明確此點之後又要進而覺悟，所觀固然虛幻，而能觀之智終未脫離虛幻的本質，如此才能永遠超脫終極的虛幻。這便是諸位菩薩，所圓滿修行的神妙法門，一步步地好似幼苗破土節節升高。這種方便法門，稱為三摩鉢提。

【箋疏】 對於「漸次增進：彼觀幻者，非同幻故，非同幻觀；皆是幻故，幻相永離」。這部分的講解，孝宗《御注》、涵虛注、憨山《直解》皆混亂，唯Muller注相對清晰可辨。故筆者本段句逗、疏通，主要參考Muller注。又，本段「即起諸幻，以除幻者。變化諸幻，而開幻眾」與〈正宗分二・普賢菩薩〉中的「以幻修幻」的「如幻三昧」相一致，即以幻治幻，頗有以毒攻毒的意味。

「善男子！若諸菩薩，悟淨圓覺，以淨覺心，不取幻化，及諸靜相。了知身心，皆為罣礙。無知覺明，不依諸礙。永得超過，礙無礙境，受用世界，及與身心。相在塵域，如器中鍠，聲出於外。煩惱涅槃，不相留礙。便能內發，寂滅輕安，妙覺隨順，寂滅境界。自他身心，所不能及，眾生壽命，皆為浮想。此方便者，名為禪那❶。

【注釋】❶禪那　梵語dhyāna音譯，意譯靜慮、思維修，通常指心處於高度專注於所緣的狀態，但在此節，特指區別於靜定、幻化，同時統攝又超越二者的終極法門。

【語譯】「信佛聞法而持戒行善的男兒！如果諸位菩薩，了知圓滿覺悟的自心本自清淨，便應憑藉本淨本覺的自心，既不取諸幻化之智，也不取諸靜定之智的上述兩種法門。了悟個人的身體與心智，皆為悟道的障礙。既沒有所謂的知覺靈明，也就是靜定的奢摩他，也並不依靠以礙祛礙、以幻治幻，也就是幻化的三摩鉢提。永遠超越，作為礙境的幻化和作為無礙境的靜定，超越可資感受、運用的外緣世界，超越世俗的身體與心智。如此則著相的修行者雖處塵世，卻能猶如撞擊樂器發出洪亮的鐘聲，悠揚地迴響遠方。無論貪嗔癡的煩惱，還是對於涅槃彼岸的執著，都不再成為障礙。於是便能從內心深處啟發出，徹底度脫生死而進入寂滅無為之境的輕快與安樂，依據神妙的圓滿覺性，進入終極的寂滅世界。因之對於自我的執著和對於人我對立的妄想，便不再成為障礙，而對於自我與萬物皆為對立的妄想和對於此生壽夭的執著，就都是不難擺脫的虛浮想像了。這種方便法門，稱為禪那。

【箋疏】「罣礙」一詞，顯著地出現在初唐玄奘譯《心經》：「依般若波羅蜜多故，心無罣礙。無罣礙故，無有恐怖。」本段宗密《略疏》、孝宗《御注》、涵虛注、張保勝釋譯、Muller注各自存在混亂不堪之處，卻又可彼此互補、發明。「自他身心」和「眾生壽命」，合起來即《金剛經》反復談及而欲破除的「四相」。

「善男子！此三法門，皆是圓覺，親近隨順。十方如來，因此成佛。十方菩薩，種種方便，一切同異，皆依如是，三種事業，若得圓證，即成圓覺。

【語譯】「信佛聞法而持戒行善的男兒！這三種方便法門，都是親近而依憑於圓滿覺悟的。十方如來，都是憑藉它們才得以成佛的。十方菩薩，無論採取哪種方法，無論各種方法彼此之間或同或異，本質上都源於上述的，那三種根本法門。三種法門如果依次全部修習證悟，便得以最終成就圓覺境界。

「善男子！假使有人，修於聖道，教化成就，百千万億，阿羅漢❶、辟支佛❷果。不如有人，聞此圓覺，無礙法門，一剎那❸頃，隨順修習。」

【注　釋】❶阿羅漢　梵語 Arhat 音譯，意譯應供（應予供養的傑出者）、無生（超越生死，永無來生），一種因聽聞佛陀聲教而悟道的聖者的果位。❷辟支佛　梵語 pratyeka-buddha 音譯，意譯緣覺，指獨自憑藉體察十二因緣的道理而非聞佛聲教，因之悟道。❸剎那　梵語 kṣaṇa 音譯，意譯須臾、瞬間，一念之間的極其短少的時間單位。

【語　譯】「信佛聞法而持戒行善的男兒！假如有人，習得成就聖果的方法，用以教化並且成就了，百千萬億之多的，阿羅漢果位的聖者，乃至辟支佛果位的聖者。他也比不上另一種人，即聽聞如今我所宣講的屬於圓覺的，暢通無阻的法門，並於一剎那的瞬間，依照此法踐履修行。」

尒時世尊，欲重宣此義，而說偈言：「威德汝當知：無上大覺心，本際無二相。隨於諸方便，其數即無量。如來總開示，便有三種類：寂靜奢摩他，如鏡照諸像；如幻三摩提，如苗❶漸增長；禪那唯寂滅，如彼器中鍠。三種妙法門，皆是覺隨順。十方諸如來，及諸大菩薩，因此得成道。三事圓證故，名究竟涅槃。」

【注　釋】❶苗　底本作「苗」，形近而訛，《高麗藏》、《趙城金藏》等皆作「苗」，據改。

【語　譯】那時，世間的尊者想重新闡明上述道理的大義，故以應頌的方式再次唱道：「威德自在菩薩你應當知道：儘管終極而無所不在的覺悟之心，在佛陀與眾生之間本來平等而無有差別，但同時它也可以隨著諸多方便緣法，而隨機變現出無窮數量的差別相。如今如來將通往覺境的不同方法總體開示，總結為三種進路：靜定之路也就是奢摩他，好像明鏡映照世間萬法的形象；幻化之路也就是三摩鉢提，好像幼苗逐漸長高一樣可以一步步見出效果；寂滅之路也就是禪那，好像樂器中的洪鐘發出宏闊遼遠的樂音，穿透塵世的重重阻礙。這三種神妙的修行法門，都是依託於圓滿覺性而來的。十方世界的如來，和諸位菩薩，都是憑藉這三種方法而成就聖道的。完整地落實這三重事業，便是終極意義上涅槃。」

正宗分八・辯音菩薩

【分旨】本節顯然與前節威德自在菩薩相配合，意在進一步疏解奢摩他、三摩鉢提、禪那三大修行法門，指出其具體落實的多達二十五種的途徑選項。選項總分單修、複修、圓修三類。前三種屬於單修，中間二十一種屬於複修，最後一種則總為圓修。而複修又分為先修、中修、後修、齊修這四種不同的構成方式。南宋朱熹曾諷刺本節：「《圓覺》前數疊稍可看，後面一段淡如一段去，末後二十五定輪與夫誓語，可笑。」（《朱子語類》卷一二六〈釋氏〉）實則本節所述，恐怕與密宗密切相關，朱熹的觀念是單一站在對於禪宗思路的理解上所發，故為片面。實則，本節不憚碎密地講解二十五輪，又點出輪法與陀羅尼的緊密關係，都顯示該節的密教性質。

於是，辯❶音菩薩，在大眾中，即從座起，頂禮佛足，右遶三帀，長跪叉手，而白佛言：「大悲世尊！如是法門，甚為希有。

【注釋】❶辯 《圓覺藏》、《金藏》、《高麗藏》、宗密《略疏》均作「辯」，孝宗《御注》、涵虛《解》、憨山

《直解》均作「辨」。筆者案：字義當作「辨別」解，但於該義，辯、辨二字同，故字形當依古本作「辯」為當。

【語　譯】此時，辯音菩薩從徒眾中的座位站起身來，五體投地而頭觸佛足，起身順向右繞佛陀三周，長跪叉手稟告佛陀：「悲憫而欲為眾生拔苦的世尊！您開示的這三重法門，實在至為珍稀罕見。

「世尊！此諸方便，一切菩薩，於圓覺門，有幾修習？願為大眾，及末世眾生，方便開示，令悟實相。」作是語已，五體投地，如是三請，終而復始。

【語　譯】「世間的尊者！這三種根本方法，對於所有致力於修行圓覺之道的菩薩而言，有哪些具體可操作的落實步驟呢？懇請您為所有來此集會尋求教導的大眾，以及末法時代的眾生，簡便地予以指導，令我等領悟世間的真相。」提完這些問題，辯音菩薩再次五體投地禮敬佛陀，如此重複了三次，求請佛陀的解答。

尒時世尊，告辯音菩薩言：「善哉善哉！善男子！汝等乃能，為諸大眾，及末世眾生，問於如來，如是修習。汝今諦聽，當為汝說。」

時，辯音菩薩，奉教歡喜，及諸大眾，默然而聽。

【語譯】那時，世尊便向辯音菩薩言道：「好啊好啊！信佛聞法而持戒行善的男兒！你們竟能為諸位菩薩以及末世百姓，向佛陀請教，這樣的方便法門。現在你好好聽著，我來為你解說。」

此時，見如來答允教誨，辯音菩薩無盡歡喜，和其他所有大眾安靜聽講。

「善男子！一切如來，圓覺清淨，本無修習，及修習者。一切菩薩，及末世眾生，依於未覺，幻力修習。介時便有，二十五種，清淨定輪：

【語譯】「信佛聞法而持戒行善的男兒！一切佛陀，其自性本心原即圓滿清淨，所以本來不存在所謂的修行，也不存在所謂的修行者。一切菩薩，以及末法時代的眾生，是依靠尚未覺悟階段的，虛幻的力量去修行實踐的。這時就會產生，總共二十五種，具有清淨定力的禪悟法輪：

【箋疏】據涵虛，所謂「未覺」的「覺」，指離念忘情，即不掛念於生住異滅四相。相反，隨相流轉即未覺。所謂「幻力」，是一種要突破掛念，要追求放下的力量，這種力量本來虛妄，所以雖是力量卻是虛幻。因為三種法門的實踐，需隨機落實，而外在的機緣不一，所以會有二十五種之多的途徑。所謂「輪」即法輪，據宗密，為摧碾邪念之用，據孝宗，又有轉邪為正之用。

「若諸菩薩，唯取極靜。由靜力故，永斷煩惱，究竟成就，不起于座，便入涅槃。此菩薩者，名單修奢摩他。

【語譯】「如果某些實修的菩薩，專一地依靠靜定的力量。憑藉這種沉靜身心的力量，永遠斷滅世俗煩惱，終極性地成就聖果，不離開禪定的座位，便直接悟入涅槃境界。這種菩薩，就叫作單一修習奢摩他的行者。

「若諸菩薩，唯觀如幻。以佛力故，變化世界，種種作用❶；備行菩薩，清淨妙行，於陀羅尼，不失寂念❷，及諸靜慧。此菩薩者，名單修三摩鉢提。

【注釋】❶作用　動作、應用。吳越國永明延壽《宗鏡錄》：「王又問曰，何者是佛？波羅提曰，見性是佛。王曰，師見性不？波羅提曰，我見佛性。王曰，性在何處？波羅提曰，性在作用。王曰，是何作用？今不覩見。波羅提曰，今見作用，王自不識。王曰，師既所見，云有作用，當於我處，而有之不？波羅提曰，王若作用，現前摠是，王若不用，體亦難見。王曰，若當用之，幾處出現？師曰，若出用時，當有其八。卓立雲端，以偈告曰：在胎曰身，處世名人，在眼曰見，在耳曰聞，在鼻辯氣，在口談論，在手執捉，在腳運奔。」❷寂念　禪定時慮念寂靜的狀態。

【語　譯】「如果某些實修的菩薩，專一地觀照如幻影般的萬法。一方面運用佛陀般的神通法力，轉變、幻化出世間的，種種動作、應用；另一方面又完備地實踐菩薩，無汙染的神妙修行，使其不背佛陀的真言密咒，不失慮念寂靜的禪定，及諸般安心靜定的智慧。這種菩薩，就叫作單一修習三摩鉢提的行者。

「若諸菩薩，唯滅諸幻。不取作用，獨斷煩惱。煩惱斷盡，便證實相。此菩薩者，名單修禪那。

【語　譯】「如果某些實修的菩薩，專一地寂滅世間幻象。不取徑於種種動作、應用，專注於斷滅自身的世俗煩惱。待得煩惱盡數熄滅，就可證悟世間萬法的真實本質。這種菩薩，就叫作單一修習禪那的行者。

「若諸菩薩，先取至靜；以靜慧心，照諸幻者，便於是中，起菩薩行。此菩薩者，名先修奢摩他，後修三摩鉢提。

【語　譯】「如果某些實修的菩薩，先行求取極致的靜定；繼而憑藉清淨智慧的覺心，照徹世間萬般幻象，就從此中，發起菩薩超度眾生的清淨法行。這種菩薩，就叫作先行修習奢摩他，其後修習三摩鉢提的行者。

「若諸菩薩，以靜慧故，證至靜性；便斷煩惱，永出生死。此菩薩者，名先修奢摩他，後修禪那。

【語　譯】「如果某些實修的菩薩，先行發起靜定的智慧，證悟自身的至靜不動的本性；繼而斷滅世俗煩惱，永遠出離生死輪迴。這種菩薩，就叫作先行修習奢摩他，其後修習禪那的行者。

「若諸菩薩，以寂靜慧；復現幻力，種種變化，度諸眾生；後斷煩惱，而入寂滅。此菩薩者，名先修奢摩他，中修三摩鉢提，後修禪那。

【語譯】「如果某些實修的菩薩，先行發起靜定的智慧；繼而展現照徹萬物虛幻本質的法力，憑藉種種轉變幻化的施法，超度世間有情眾生；最後斷滅自身煩惱，登入究極的寂滅境界。這種菩薩，就叫作先行修習奢摩他，中間修習三摩鉢提，最後修習禪那的行者。

「若諸菩薩，以至靜力，斷煩惱已；後起菩薩，清淨妙行，度諸眾生。此菩薩者，名先修奢摩他，中修禪那，後修三摩鉢提。

【語譯】「如果某些實修的菩薩，先行發起極致的靜定之力；繼而斷滅自身的煩惱；最後發起菩薩的，清淨神妙的法行，超度有情眾生。這種菩薩，就叫作先行修習奢摩他，中間修習禪那，最後修習三摩鉢提的行者。

「若諸菩薩，以至靜力，心斷煩惱，復度眾生，建立世界。此菩薩者，名先修奢摩他，齊修三摩鉢提，及修禪那❶。

【注釋】❶若諸菩薩九句　筆者案：此段經文，「心斷煩惱」與「度眾生，建立世界」之間，是同時而非先後的關係。故經文云「齊修」。復，底本與《趙城金藏》皆作「復」，然《高麗藏》、《嘉興藏》等皆作「後」，乃形近而訛。

【語譯】「如果某些實修的菩薩，先行發起極致的靜定之力；在內心斷滅煩惱，並超度有情眾生，建構且解構虛幻的世界。這種菩薩，就叫作先行修習奢摩他，其後同時修習三摩鉢提，以及禪那的行者。

「若諸菩薩，以至靜力，資發變化；後斷煩惱。此菩薩者，名齊修奢摩他、三摩鉢提，後修禪那。

【語譯】「如果某些實修的菩薩，同時發起極致的靜定之力，並以之資助引發世間萬法的轉變、幻化；其後斷滅自身的煩惱。這種菩薩，就叫作同時修習奢摩他、三摩鉢提，其後修習禪那的行者。

「若諸菩薩，以至靜力，用資寂滅；後起作用，變化境界。此菩薩者，名齊修奢摩他、禪那，後修三摩鉢提。

【語譯】「如果某些實修的菩薩，同時發起極致的靜定之力，並以之資助達至寂滅境界；其後興起動作、應用，轉變、幻化周遭萬象世界。這種菩薩，就叫作同時修習奢摩他、禪那，其後修習三摩鉢提的行者。

「若諸菩薩，以變化力，種種隨順；而取至靜。此菩薩者，名先修三摩鉢提，後修奢摩他。

【語　譯】「如果某些實修的菩薩，先行運用轉變、幻化的法力，隨順因應世間萬象而加以度化；繼而取徑極致的靜定之力。這種菩薩，就叫作先行修習三摩鉢提，其後修習奢摩他的行者。

「若諸菩薩，以變化力，種種境界；而取寂滅。此菩薩者，名先修三摩鉢提，後修禪那。

【語　譯】「如果某些實修的菩薩，先行運用轉變、幻化的法力，隨順萬象世界；繼而求取寂滅境界。這種菩薩，就叫作先行修習三摩鉢提，其後修習禪那的行者。

「若諸菩薩，以變化力，而作佛事❶；安住❷寂靜；而斷煩惱。此菩薩者，名先修三摩鉢提，中修奢摩他，後修禪那。

【注釋】❶佛事　拯救眾生，為其施加教化。後秦僧肇《注維摩詰經》卷八：「於娑婆世界，施作佛事。什曰：佛事，謂化眾生。」❷住　底本與《趙城金藏》皆作「住」，然《高麗藏》、《嘉興藏》等皆作「在」，乃形近而訛。

【語譯】「如果某些實修的菩薩，先行運用轉變、幻化的法力，振興教化以拯救眾生的佛陀法事；繼而安住於靜定；最後斷滅三毒煩惱。這種菩薩，就叫作先行修習三摩鉢提，中間修習奢摩他，最後修習禪那的行者。

「若諸菩薩，以變化力，無礙作用；斷煩惱故；安住至靜。此菩薩者，名先修三摩鉢提，中修禪那，後修奢摩他。

【語譯】「如果某些實修的菩薩，先行運用轉變、幻化的法力，自由而無所窒礙地於世間幻象施加動作、應用；繼而斷滅自身的三毒煩惱；最後安住於極致的靜定境界。這種菩薩，就叫作先行修習三摩鉢提，中間修習禪那，最後修習奢摩他的行者。

「若諸菩薩，以變化力，方便作用；至靜寂滅，二俱隨順。此菩薩者，名先修三摩鉢提，齊修奢摩他、禪那。

【語譯】「如果某些實修的菩薩，先行運用轉變、幻化的法力，以各種權假法門於世間幻象施加動作、應用；其後於極致的靜定和究竟的寂滅，兩者並加依憑。這種菩薩，就叫作先行修習三摩鉢提，其後同時修習奢摩他、禪那的行者。

「若諸菩薩，以變化力，種種起用，資於至靜；後斷煩惱。此菩薩者，名齊修三摩鉢提、奢摩他，後修禪那。

【語譯】「如果某些實修的菩薩，同時運用轉變、幻化的法力，於世間幻象施加種種動作、應用，並取資於極致的靜定之力；其後斷滅自身的三毒煩惱。這種菩薩，就叫作同時修習三摩鉢提、奢摩他，其後修習禪那的行者。

「若諸菩薩，以變化力，資於寂滅；後住清淨，無作[1]靜慮。此菩薩者，名齊修三摩鉢提、禪那，後修奢摩他。

【注釋】❶無作　梵語 akarmaka 意譯。指自然而然、不刻意的動作、應用。

【語　譯】「如果某些實修的菩薩，同時運用轉變、幻化的法力，並取資於寂滅三毒煩惱的力量；其後安住於清淨境界，自然無造作地靜定而審慮真諦。這種菩薩，就叫作同時修習三摩鉢提、禪那，其後修習奢摩他的行者。

「若諸菩薩，以寂滅力，而起至靜，住於清淨。此菩薩者，名先修禪那，後修奢摩他。

【語　譯】「如果某些實修的菩薩，先行運用寂滅三毒煩惱的法力；繼而興起極致的定力，安住於清淨境界。這種菩薩，就叫作先行修習禪那，其後修習奢摩他的行者。

「若諸菩薩，以寂滅力，而起作用，於一切境，寂用隨順。此菩薩者，名先修禪那，後修三摩鉢提。

【語譯】「如果某些實修的菩薩，先行運用寂滅三毒煩惱的慧力；繼而興起種種動作、應用，對於一切施加有為度化的幻境，既不離寂滅的真如體性也不離超度的作用。這種菩薩，就叫作先行修習禪那，其後修習三摩鉢提的行者。

「若諸菩薩，以寂滅力；種種自性，安於靜慮；而起變化。此菩薩者，名先修禪那，中修奢摩他，後修三摩鉢提。

【語譯】「如果某些實修的菩薩，先行運用寂滅三毒煩惱的慧力；繼而各自內省無雜的本性，安住於靜定而審慮真諦；最後興起轉變、幻化以度脫眾生。這種菩薩，就叫作先行修習禪那，中間修習奢摩他，最後修習三摩鉢提的行者。

「若諸菩薩，以寂滅力；無作自性，起於作用；清淨境界，歸於靜慮。此菩薩者，名先修禪那，中修三摩鉢提，後修奢摩他。

【語譯】「如果某些實修的菩薩，先行運用寂滅三毒煩惱的慧力；繼而憑藉無造作的自我本性，興起動作、起用的幻力以度脫眾生；最後令清淨無染的內心世界，歸於靜定以審慮真諦。這種菩薩，就叫作先行修習禪那，中間修習三摩鉢提，最後修習奢摩他的行者。

「若諸菩薩，以寂滅力；種種清淨，而住靜慮，起於變化。此菩薩者，名先修禪那，齊修奢摩他、三摩鉢提。

【語　譯】「如果某些實修的菩薩，先行運用寂滅三毒煩惱的慧力；其後自省各自的清淨本性，安住於靜定而審慮真諦，同時興起轉變、幻化之力以度脫眾生。這種菩薩，就叫作先行修習禪那，其後同時修習奢摩他、三摩鉢提的行者。

「若諸菩薩，以寂滅力，資於至靜；而起變化。此菩薩者，名齊修禪那、奢摩他，後修三摩鉢提。

【語　譯】「如果某些實修的菩薩，同時憑藉寂滅三毒煩惱的慧力，並取資於極致的靜定；繼而興起轉變、幻化之力以度脫眾生。這種菩薩，就叫作同時修習禪那、奢摩他，其後修習三摩鉢提的行者。

「若諸菩薩，以寂滅力，資於變化；而起至靜，清明境慧。此菩薩者，名齊修禪那、三摩鉢提，後修奢摩他。

【語　譯】「如果某些實修的菩薩，同時憑藉寂滅三毒煩惱的慧力，並取資於轉變、幻化以度脫眾生的法力；繼而興起極致靜定的，屬於清澈光明境界的智慧。這種菩薩，就叫作同時修習禪那、三摩鉢提，其後修習奢摩他的行者。

「若諸菩薩，以圓覺慧，圓合一切，於諸性相❶，無離覺性。此菩薩者，名為圓修，三種自性，清淨隨順。

【注　釋】❶性相　恆定不變而絕對真實的本性，與千變萬化的相狀，兩者之間是雖二而一的關係。後秦龜茲國鳩摩羅什（西元三四四—四一三年）譯《大智度論》卷三一：「問曰：先已說性，今說相。性、相有何等異？答曰：有人言，其實無異，名有差別，說性則為說相，說相則為說性；譬如說火性即是熱相，說熱相即是火性。有人言，性相小有差別，性言其體，相言可識。……如火熱是其性，煙是其相。近為性，遠為相。」

【語　譯】「如果某些實修的菩薩，憑藉圓滿覺性的智慧，圓妙地合修所有三種禪修的根本法門，其各自恆定不變的自性與因度化眾生而有的萬千殊相，皆不離圓滿的覺性理體。這種菩薩，就叫作圓滿地修習三種法門，而自始至終順應自身純淨無染秉性的行者。

「善男子！是名菩薩，二十五輪。一切菩薩，修行如是。若諸菩薩，及末世眾生，依此輪者，當持梵行，寂靜思惟，求哀懺悔❶。經三七❷日，於二十五輪，各安標記❸，至心❹求哀，隨手結取。依結開示，便知頓漸，一念疑悔，即不成就。」

【注　釋】❶懺悔　梵語 kṣama-āpatti-pratideśana 音譯、意譯的複合。懺為音譯，指懇求獲得容忍和原諒；悔為意譯，指對於自身過失的悔愧。❷三七　三個七天，共計二十一天。原與初唐密宗流行的一種灌頂懺法儀式有關。❸標記　底本作「摽記」，《高麗藏》同。《嘉興藏》作「標記」。筆者案：標記義，摽、標，古同。故據底本，不改。❹至心　指至誠之心。初唐善導《往生禮讚偈》不分卷：「但使專意作者，十即十生；修雜不至心者，千中無一。」曹魏康居國僧鎧譯《無量壽經》卷上「至心信樂，欲生我國」、「至心發願，欲生我國」、「至心迴向，欲生我國」。底本作「志心」。《高麗藏》、《嘉興藏》均作「至心」。筆者案：作「至心」為是。

【語　譯】「信佛聞法而持戒行善的男兒！以上這些就叫作，菩薩禪修的二十五種法論。所有菩薩，皆應據此修習。如果眾菩薩，和末法時代的有情眾生，依據這些方便法輪，應當修持戒、定、慧三學，向佛陀哀求、懺悔。歷經三七共二十一天的修持、禱告，在二十五種法輪之上，各自結繩以為標記，以至誠的心哀求佛陀，並信手摘取某一結繩。依據所摘結繩的開示，就知道自己所應選取修習的是哪種頓漸的法門，其間若有一閃念間的懷疑、追悔，修習就無以成功。」

【箋　疏】除涵虛直言，所以於二十五輪各為標記，並隨緣摘取其一，正是求佛「密應」的用意，故與密宗修煉法門相關之外，其他宗密、孝宗、憨山皆未揭示此意。

尒時世尊，欲重宣此義，而說偈言：「辯音汝當知：一切諸菩薩，無礙清淨慧，皆依禪定❶生。所謂奢摩他，三摩提禪那，三法頓漸修，有二十五種。十方諸如來，三世修行者，無不因此法，而得成菩提。唯除頓覺人，并法不隨順。一切諸菩薩，及末世眾生，常當持此輪，隨順勤修習，依佛大悲力，不久證涅槃。」

【注　釋】❶禪定　梵語 Dhyāna-samādhi 音譯、意譯的組合。禪，即禪那。定，即奢摩他。中唐宗密〈禪源諸詮集都序〉：「禪是天竺之語，具云禪那。中華翻為思惟修，亦名靜慮，皆定慧之通稱也。源者，是一切眾生本覺真性，亦名佛性，亦名心地，悟之名慧，修之名定。定、慧通稱為禪那。此性是禪之本源，故云禪源。」

【語　譯】那時，世間的尊者想重新闡明上述道理的大義，故以應頌的方式再次唱道：「辯音菩薩你應當知道：一切菩薩所能擁有的，無所窒礙、清淨無染的智慧，都是依靠禪那的慧力乃至奢摩他的定力而來的。我所說的奢摩他、三摩鉢提、禪那，這三種或漸修或頓修的根本方法，有二十五種不同的實踐組合方式。十方空間的如來，過去、現在、未來不同時間的修行者，沒有不是憑藉這三種根本法門，而終於成就菩提境界的。只有兩種人除外，即頓悟成佛者，及一切法門皆不憑據的斷滅善根者。一切菩薩，和末法時代的有情眾生，理當時常取徑此處所講的諸般法輪，按照佛陀的開始勤苦修習，依靠佛陀拯救眾生的悲憫願力，不久以後便可證悟涅槃境界。」

正宗分九・淨諸業障菩薩

【分　旨】「圓覺四相」也就是我相、人相、眾生相、壽命相，都是惡業，所以都是通往徹悟道路上的障礙，因此必應灑掃乾淨始得——這便是「淨諸業障」的含義。據涵虛《經解》，從〈正宗分〉四金剛藏至八辯音，乃次第掃除所謂「粗障」，而本節則為進一步斷盡「細惑」而作，因而第九節相對於之前的五節，結構上為總體性的提升。《大藏經》中，《金剛》《圓覺》是重點論及「四相」的兩部核心經典，兩經四相的名相表面大體一致（僅有一細小差別：《金剛》作壽者相，《圓覺》作壽命相），對於四相內涵的認識卻大相徑庭。「《金剛》四相」尚處於原始佛教含義的階段，「《圓覺》四相」所談則接近大乘空宗、後世禪宗。《金剛》四相，各自對應對於假我、人道、有情眾生、一生之內壽命相續的妄想，據涵虛，屬於「外凡」即愚人的「麤惑」；而《圓覺》四相，各自對應世俗智的取證，對於悟本身的刻意，對於了悟的妄想，乃至對於圓滿覺悟的執著，其擺脫的難度從低到高，據涵虛，屬於「內凡」即智者的「細惑」。又，涵虛以「本校法」為理據，發現本節訛、脫、衍、倒的現象在諸節中特別突出。根據上下文脈、結構，問題集中出現在《圓覺》四相的後三相。其分析頗為可信，筆者在校勘過程中多予採納。

於是，淨諸業障菩薩❶，在大眾中，即從座起，頂禮佛足，右遶三帀，長跪叉手，而白佛言：「大悲世尊！為我等輩，廣說如是，不思議事，一切如來，因地行相❷。今諸大眾，得未曾有，覩見調御❸，歷恆沙劫❹，勤苦境界，一切功用，猶如一念。我等菩薩，深自慶慰。

【注釋】❶淨諸業障菩薩　即除蓋障菩薩，梵語 Sarvanivāraṇa-Viṣkambhin bodhisattva 意譯。密教胎藏界壇城除蓋障院的主尊，密號「離惱金剛」。其形像，左手持蓮華，華上有如意珠，右手結無畏印。初唐天竺國善無畏（西元六三七—七三五年）譯《大毘盧遮那成佛神變加持經》（簡稱《大日經》）：「是除一切蓋障印，彼真言曰：南麼三曼多勃馱喃！（Namaḥ samantabuddhānām! 歸命一切佛！）阿！（aḥ! 除障之種子！）薩埵係哆弊嗢蘖多！（Sattva hitābhyudgata! 有情善性揮發出來！）怛嚂怛嚂！（Traṃ! Traṃ! 清除垢障！）嚂嚂！（Raṃ! Raṃ! 證入聖果！）莎訶！（svāhā 願望實現！）」除蓋障，即淨諸業障。業障，身、口、意所造的惡業，會成為求道者得道的障礙。彌勒菩薩說，唐玄奘譯《瑜伽師地論》卷二九：「言業障者，謂五無間業，及餘所有，故思造業，諸尤重業。彼異熟果，若成就時，能障正道，令不生起。是名業障。」❷行相　梵語 ākāra 意譯。原始義即人的外形、姿勢、相貌，引申指萬事萬物外顯的形狀，又進一步特指心識對於遊行於外界，取境而產生的虛幻影像。初唐普光《俱舍論記》卷一：「言行相者，謂心、心所，其體清淨，但對前境，不由作意，法爾任運，影像顯現，如清池明鏡，眾像皆現。」初唐玄奘譯（高宗顯慶元年，西元六五六年）《阿毗達摩大毗婆沙論》卷九七：「問：何故名行相？行相是何義？答：於諸境相，簡擇而轉，是行相義。」❸調御　調御丈夫的簡稱，為佛陀十號之一。眾生如狂象惡馬，佛如調御師。南朝蕭齊天竺國曇摩伽陀耶舍譯《無量義經・德行品第一》：「調御大調御。無諸放逸行。猶如象馬師。能調無不調。」❹劫　「劫波」的簡稱，梵語 kalpa 音譯，意譯「長時」。原為婆羅門教的時間術語，為佛教沿用，意為難以度量的長久歲月。

【語　譯】此時，淨諸業障菩薩，從徒眾中的座位站起身來，五體投地而頭觸佛足，起身順向右繞佛陀三周，長跪叉手稟告佛陀：「悲憫而欲為眾生拔苦的世尊！為了我們這些人，周全地解說這些不可思慮而難以言說的事實，一切佛陀，未悟蒙昧階段的修行相狀。令我等眾人，能一睹從未得見的，調御丈夫，其歷經恆河之沙般悠遠劫數的，勤苦修煉的境界，其間的一切功夫，令我等一念之間即可領會。我們這些菩薩，深感到自身是如此地慶幸喜慰。

「世尊！若此覺心，本性清淨，因何染汙，使諸眾生，迷悶不入？唯願如來，廣為我等，開悟法性，令此大眾，及末世眾生，作將來眼。」作是語已❶，五體投地，如是三請，終而復始。

【注　釋】❶作是語已　底本及諸參校本原皆作「說是語已」，然《圓覺經》十二個〈正宗分〉，除本節外，各節皆作「作是語已」，據改。

【語　譯】「世間的尊者！如若這種本覺的自心，其自性便清淨無雜，那麼它又因為什麼而遭遇汙染，致令一切有情眾生，迷惑煩悶而不得悟入呢？只盼望如來，周全地為我們，開示內心深處的真實本性，讓參與此會的眾人，和末法時代的有情眾生，也能具備透視未來永無迷惑的慧眼。」說完這些問題，淨諸業障菩薩再次五體投地禮敬佛陀，如此重複了三次，求請佛陀的解答。

尒時世尊，告淨諸業障菩薩言：「善哉善哉！善男子！汝等乃能，為諸大眾，及末世眾生，諮問如來，如是方便。汝今諦聽，當為汝說。」時，淨諸業障菩薩，奉教歡喜，及諸大眾，默然而聽。

【語譯】那時，世尊便向淨諸業障菩薩言道：「好啊好啊！信佛聞法而持戒行善的男兒！你們竟能為諸位菩薩，以及末世百姓，向佛陀諮詢，這樣的方便法門。現在你好好聽著，我來為你解說。」此時，見如來答允教誨，淨諸業障菩薩無盡歡喜，和其他所有大眾安靜聽講。

「善男子！一切眾生，從無始來，妄想執有，我人眾生，及與壽命。認四顛倒❶，為實我體。由此便生，憎愛二境。於虛妄體，重執虛妄，二妄相依，生妄業道。有妄業故，妄見流轉。厭流轉者，妄見涅槃。由此不能，入清淨覺。非覺違拒，諸能入者。有諸能入，非覺入故。是故動念，及與息念，皆歸迷悶。何以故？由有無始，本起無明，為己主宰。一切眾生，生無慧目，身心等性，皆是無明。譬如有人，不自斷命。是故當知，有愛我者，我與隨順，非隨順者，便生憎怨。為憎愛心，養無明故。相續求道，皆不成就。

【注釋】❶四顛倒　凡夫對四種世俗的有為法（常樂我淨）所執著的四種謬見，錯認無常為常，諸苦為樂，無我為我，汙染為淨。初唐玄奘譯《阿毘達磨俱舍論》卷一九：「應知顛倒，總有四種：一於無常，執常顛倒；二於諸苦，執樂顛倒；三於不淨，執淨顛倒；四於無我，執我顛倒。」

【語譯】「信佛聞法而持戒行善的男兒！一切有情眾生，從世間萬物尚未創生之時，便虛妄而執著地認為以下諸事皆為實有，即我、人、眾生、壽命。錯認常、樂、我、淨四種顛倒妄想，為擁有自性的實體而非幻象。由此就產生了，憎恨和貪愛這兩種情境。對於虛妄無自性的幻體，再加以虛妄的執著，兩重虛妄相互依存，產生了虛妄的結出無盡苦樂果報的通道。因為存在虛妄的業障，故會錯誤地觀察生死輪迴。因為厭惡輪轉六道，故會虛妄地想望涅槃境界。正是緣此才導致不能，悟入清淨無染的圓覺至境。並非圓覺至境違拗拒絕，那些本能悟入的行者超入聖地。而是因為本具超悟能力的眾生，未能自我覺醒而自入悟境。因此無論世俗的造作思維，抑或求靜而刻意息心，都令行者徒然歸於迷惑滯澀。為什麼呢？由於有世間萬物尚未創生之時，本就興起的暗昧癡愚，做了行者自身的主宰。一切有情眾生，生來就沒有智慧的眼睛，身體與心靈的本性，一概只是暗昧愚癡。眾生虛妄地執著俗智，因之不願自斷俗智，正如世俗眾生執著自身，不願自毀性命。因此應當知道，若有人關愛於我，我便與之親近，反之若有人違逆於我，我便心生憎恨。正是這顆憎恨、貪愛的心，長養了我們自身的愚昧無知。因此在愛恨交加的循環往復當中，所有的修行皆不至聖道。

【箋　疏】《圓覺經》的四相，表述為人相、我相、眾生相、壽命相。《金剛經》的四相，表述為人相、我相、眾生相、壽者相。兩者表面似乎相近，但四相各自的內涵，似乎存在較大區別。

「善男子！云何我相❶？謂諸眾生，心所證者。」

【注　釋】❶我相　梵語 ātma-samjñā 意譯。四相之一。即自我的相狀，指因妄想而誤認五蘊（色受想行識）和合成為真實的自我，其表面似我、實際非我的相狀，即我相。它與真實的主體自性不同，實為假我。北涼曇無讖譯（玄始十年，西元四二一年）《大般涅槃經》卷二：「若法是實，是真是常，是主是依，性不變易者，是名為我。」北宋長水子璿《金剛經纂要刊定記》卷四：「釋中我者，謂執自五蘊，總相為我。」

【語　譯】「信佛聞法而持戒行善的男兒！什麼叫作『我相』呢？那是有情眾生，憑藉世俗心所取證到的。

「善男子！譬如有人，百骸調適，忽忘我身。四支❶絃緩，攝養乖方，微加針艾，即❷知有我。是故證取，方現我體。

【注釋】❶四支　底本、《嘉興藏》皆如此，《金藏》作「四肢」。筆者案：支，古同肢。不改。❷即　底本作「即」，然《趙城金藏》、《嘉興藏》等皆作「則」，乃形近而訛。

【語譯】「信佛聞法而持戒行善的男兒！好比有某個人，全身上下都調和舒適，便會無意識地忘記自身的存在。四肢如琴絃鬆廢般癱軟不舉，乃因有時失於調養，待稍加針砭、艾灸以治療，此時就會醒悟自身的存在。因此唯有體會、見證的時刻，才呈現出自我身體的行跡。

【箋疏】此段提及針灸之法。此法源於中醫。迄今發現最早針灸人體模型，出土於成都老官山漢墓。東漢皇甫謐《帝王世紀》載神農「嘗百藥而制九針」。迄今發現最早的艾灸脈圖為《陰陽十一脈灸經》，出土於長沙馬王堆漢墓。古印度無此兩種療法，據此知《圓覺經》當為偽經。

「善男子！其心乃至，證於如來，畢竟了知，清淨涅槃，皆是我相。

【語譯】「信佛聞法而持戒行善的男兒！上述行者的俗心即使不斷修煉而達到，證悟好似如來境界的，那種高級的，對於清淨無染涅槃境界的理解，至此也仍然都屬於我相的範疇。

「善男子！云何人相❶？謂諸眾生，心悟證者。

【注釋】❶人相 梵語 **pudgala-samjñā** 意譯。四相之二。即人道的相狀，指因妄想而誤認五蘊和合的自我，處於人道，而與其他五道（天、阿修羅、畜生、餓鬼、地獄）不同。北宋長水子璿《金剛經纂要刊定記》卷四：「人者，計我死已生天，天死為畜等故。梵語補特伽羅 (pudgala)，此云數取趣，即是人也。」

【語譯】「信佛聞法而持戒行善的男兒！什麼叫作『人相』呢？那是有情眾生，內心對於所證原為假我的體悟。

「善男子！悟有我者，不復認我。所悟非我，悟亦如是。悟已超過，一切證者，悉為人相。

【語譯】「信佛聞法而持戒行善的男兒！體悟到存在虛偽的我相，因此不再執迷於假我。既然所體悟的假我原本沒有自性，那麼用以體悟假我的能力也同樣沒有自性。那種認為已經體悟到，一切所證皆為假我的執著，全都屬於人相。

「善男子！其心乃至，圓悟涅槃，俱是我者。心存少悟，備殫證理❶，皆名人相。

【注釋】❶心存少悟二句　據涵虛，「心存少悟，備殫證理」乃顛倒，當作「備殫證理，心存少悟」。(《圓覺經解》卷下，頁5b、6a）筆者案：兩種文序，不妨礙表達同一種含義，故不改。

【語　譯】「信佛聞法而持戒行善的男兒！他求悟的心即使達至，圓滿覺悟涅槃境界的高度，意識到所證皆是假我。然而心中若仍存絲毫對於求悟的執著，哪怕已經竭盡證悟之能，也還在人相的範疇之內。

「善男子！云何眾生相❶？謂諸眾生，心自證悟，所不及者。

【注釋】❶眾生相　四相之三。即眾多生命的相狀，指因妄想而誤認存在眾多具有自我相狀的生命，在六道中相續相生。北宋長水子璿《金剛經纂要刊定記》卷四：「眾生者，計我眾多之法，相續生故。」

【語　譯】「信佛聞法而持戒行善的男兒！什麼叫做『眾生相』呢？那是有情眾生，內心妄想出來的，一種超越了所證之我相以及所悟之人相的，難以企及的了悟境界。

「善男子！譬如有人，作如是言：我是眾生。則知彼人，說眾生者，非我非彼。云何非我？我是眾生，則非是我。云何非彼？我是眾生，則非彼故❶。

【注釋】❶則非彼故　底本作「非彼我故」，據涵虛，當作「則非彼故」，以與前文「則非是我」呼應。（《圓覺經解》卷下，頁6a）筆者案：此處涵虛採用本校法，可信，故據改。

【語譯】「信佛聞法而持戒行善的男兒！好比有個修行人，張口言道：我是眾生。就知道那個人，其所說的眾生，既不是自我也不是他者。怎麼說不是自我呢？我既然是眾生了，我就不再是自我了。怎麼說不是他者呢？我既然是眾生了，我就不再是他者了。

「善男子！但諸眾生，了證了悟，皆為我人，而我人相，所不及者，存有所了，名眾生相。

【語譯】「信佛聞法而持戒行善的男兒！只要前述眾生，其所取證、所體悟到的，不僅都是我相、人相，進而對於我相、人相之外，所趕不上的所謂更高層次，還存有必能了悟的執著，那麼他就還在眾生相的範疇之內。

「善男子！云何壽命相❶？謂諸眾生，心照清淨，覺所了者。

【注　釋】❶壽命相　四相之四。即一生之中壽命不斷的相狀，指因妄想而誤認假我有不間斷的延續的一生。北宋長水子璿《金剛經纂要刊定記》卷四：「壽者亦云壽命，計我一生，壽命不斷絕故。」

【語　譯】「信佛聞法而持戒行善的男兒！什麼叫做『壽命相』呢？那是說有情眾生，心地朗照而清潔明淨，覺悟到前述未曾泯然的了悟之心實為虛妄。

「善男子❶！一切業智❷，所不自見，猶如命根❸。如湯銷冰：無別有冰，知冰銷者。無我覺我，亦復如是❹。

【注　釋】❶善男子　據涵虛，「善男子」三字脫（《圓覺經解》卷下，頁6a）。筆者案：此處涵虛採用本校法，可信，當補「善男子」。Muller 亦採納了這一校勘意見。❷業智　即業識，指源於根本無明的迷惑而發動的本心，是令有情眾生流傳輪迴的根本智識。本節特指前述的證、悟、了。因三者皆未能忘懷，所以稱為業；又因三者皆能一步步超越，所以稱為智。❸命根　梵語 Jīvitindriya 意譯。指有情生命的本體，它源於過去世的業力，具有壽、暖、識三種特性，即在今生維持一段壽命，保持體溫，並擁有意識。古印度犍陀羅國世親造，初唐玄奘譯《大乘五蘊論》不分卷：「云何命根？謂於眾同分中，先業所引，住時決定為性。」❹如湯銷冰五句　「如湯銷冰：無別有冰，知冰銷者。無我覺我，亦復如是」一段文字，底本及諸參校本，皆在「若心照見，一切覺者，皆為塵垢。覺所覺者，不離塵故」一段文字之後。據涵虛，「如湯銷冰：無別有冰，知冰銷者。無我覺我，亦復如是」當在「一切業智，所不自見，猶如命根」一段文字之後，據改。無我覺我，底本及諸參校本，皆作「存我覺我」。據涵虛，當作「無我覺我」。(《圓覺經解》卷下，頁6a) 其又云，「合上『無別有氷，知氷銷者』之喻故也」。筆者案：此處涵虛採用理校法，可信，據改。

【語　譯】「信佛聞法而持戒行善的男兒！所有源於根本無明的各等級的智識如證、悟、了，像眼睛無法看見眼睛自己一樣都無法照見自身，又猶如源於業力而來的生命本體無法支援其自身的生命一般。這就好像唯有開水能融化堅冰：並沒有某種堅冰，能意識到自身的存在並令自己銷融。而並沒有某種假我能夠啟悟假我自身，也是同樣的道理。

「善男子！若心照見，一切覺者，皆為塵垢。覺所覺者，不離塵故，名壽命相❶。」

【注　釋】❶名壽命相　底本及諸參校本，均無「名壽命相」四字。據涵虛，「覺所覺者，不離塵故」，其下應脫「名壽命相」。(《圓覺經解》卷下，頁6a) 其又云，「上三段皆有此例故也」。筆者案：此處涵虛採用本校法，可信，當補「名壽命相」。

【語　譯】「信佛聞法而持戒行善的男兒！若真心洞徹地照見，所有證、悟、了三種業力智識，本質上都是遮蔽真相的塵土汙垢。然而卻仍未能認識到用來關照三相的能覺之智，仍屬塵霾，那麼他就還在壽命相的範疇之內。

「善男子！末世眾生，不了四相，雖經多劫，勤苦修道，但名有為，終不能成，一切聖果。是故名為，正法末世。何以故？認一切我，為涅槃故，有證有悟，名成就故。譬如有人，以賊為子，其家財寶，終不成就。何以故？有我愛者，亦愛涅槃，伏我愛根，為涅槃相；有我憎❶者，亦憎生死，不知愛者，真生死故。別憎生死，名不解脫。云何當知，法不解脫？

【注釋】❶我憎　底本、《趙城金藏》及孝宗《御注》、憨山《直解》，皆作「憎我」。然據涵虛，當倒裝為「我憎」，以與上文「我愛」之結構相對應，據改。

【語譯】「信佛聞法而持戒行善的男兒！末法時代的有情眾生，如果沒能了解四相的本質，即使經歷多重劫數的悠遠歲月，勤勞辛苦地修煉，所行的也只不過是刻意造作，終究不能得到，一切依憑聖道所得的果報。這便是所謂，無法踐行佛陀所授真正法門的末法時代。為什麼呢？因為他們誤把一切我相，當作涅槃解脫，錯把證悟表象，當作非凡的修行成就。好比有個人，誤把強盜當作兒子養育，他家中的財寶，終究無法守住。為什麼呢？因為只要那個假我仍所貪愛，他就會貪愛涅槃境界，就會把對貪愛根性的壓抑，錯當作涅槃的樣子；只要那個假我仍有所憎恨，他就會憎恨生死輪迴，卻無法理解正是貪愛，才是真正造成生死無盡的真兇。不知斬斷愛根卻轉而憎恨生死，這才是所謂的不得解脫。然而怎麼才能知道，這便是對於佛法悟境的執著呢？

「善男子！彼末世眾生，習菩提者，以己❶微證，為自清淨，猶❷未能盡我相根本。若復有人，讚歎彼法，即生歡喜❸，便欲濟度；若復誹謗彼所得者，便生瞋恨。則知我相，堅固執持，潛伏藏識❹，遊戲諸根，曾不間斷。

【注釋】❶己　底本、憨山《直解》、Muller 譯注同。《金藏》、宗密《略疏》、涵虛《解》、Muller 譯注皆作「已」。❷猶　底本、《金藏》、憨山《直解》同。宗密《略疏》、孝宗《御注》、涵虛《解》、Muller 譯注皆作「由」。❸即生歡喜　底本作「則生歡喜」，形近而訛。《趙城金藏》及涵虛《解》等，皆作「即」，據改。筆者案：「即生歡喜」與下文「便生瞋恨」，正相呼應。❹藏識　即阿賴耶識之梵語 ālaya-vijñāna 的意譯，因該識含藏萬有，使之存而不失，故曰藏識。初唐玄奘譯《解深密經》卷一：「吾當為汝，說心、意、識，祕密之義。廣慧當知，於六趣生死，彼彼有情，墮彼彼有情眾中，或在卵生，或在胎生，或在濕生，或在化生，身分生起。於中最初，一切種子，心識成熟，展轉和合，增長廣大。依二執受，一者，有色諸根，及所依執受；二者，相名分別，言說戲論，習氣執受。有色界中，具二執受，無色界中，不具二種。廣慧！此識亦名，阿陀那識。何以故？由此識，於身隨逐執持。亦名阿賴耶識。何以故？由此識於身，攝受藏隱，同安危義故。亦名為心。何以故？由此識，色、聲、香、味、觸等積集滋長故。廣慧！阿陀那識為依止，為建立故，六識身轉，謂眼識、耳、鼻、舌、身、意識。此中有識，眼及色為緣，生眼識，與眼識俱，隨行同時同境，有分別意識轉。有識耳、鼻、舌、身及聲、香、味、觸為緣，生耳、鼻、舌、身識，與耳、鼻、舌、身識俱，隨行同時同境，有分別意識轉。廣慧！若於爾時，一眼識轉，即於此時，唯有一分別意識，與眼識同所行轉。若於爾時二、三、四、五諸識身轉，即於此時，唯有一分別意識，與五識身同所行轉。」

【語　譯】「信佛聞法而持戒行善的男兒！那些末法時代的有情眾生之中，修習菩提道法的人，誤將自己微末的證悟，當作自性清淨的境界，卻遠未洞察，虛假我相的根本。此時如果又有人，讚歎他錯誤的道法，他便會心生歡喜，就想要出手救度讚美者；如果又有人否定，他的修行所得，他就會心生嗔怒憤恨。由此就能知道那個虛假的我相，它固執地，潛伏於含藏萬有的阿賴耶識之中，無礙地遊走於六根之間，從未間斷。

「善男子！彼修道者，不除我相，是故不能，入清淨覺。

【語　譯】「信佛聞法而持戒行善的男兒！那種修習道法的人，因為不能破除我相，所以不能，真正升入清淨無雜的覺悟境界。

「善男子！若知我空，無毀我者。有我說法，我未斷故。眾生壽命，亦復如是。

【語　譯】「信佛聞法而持戒行善的男兒！如果真地了知我相實為性空，就該知道並不存在毀棄假我的外力。如果執著地認為存在一個講法的我相，只能說明未曾斷滅對於假我的執著。對於眾生相、壽命相而言，也是同樣一番道理。

「善男子！末世眾生，說病為法，是故名為，可憐❶愍者。雖勤精進❷，增益諸病，是故不能，入清淨覺。

【注　釋】❶憐　底本作「怜」。憐、怜，義同。《趙城金藏》、涵虛《解》等皆作「憐」。❷精進　梵語 Vīrya 意譯，音譯毗梨耶。指身體力行於善法，而勤斷於惡根，用以對治懶惰懈怠。後秦龜茲國鳩摩羅什（西元三四四—四一三年）譯《大智度論》卷八〇：「精進者，調心練於法而不懈怠。如法致財而用於布施等，為身精進；斷慳貪等惡心，使不得入者，為心精進。」

【語　譯】「信佛聞法而持戒行善的男兒！末法時代的有情眾生，將病症解說為佛法，所以這樣的人就稱作，可堪憐憫的人。縱然勤苦修行以期勇猛精進，卻反而增益出諸多貧病，所以不能，升入清淨無雜的覺悟境界。

「善男子！末世眾生，不了四相，以如來解，及所行處，為自修行，終不成就。或有眾生，未得謂得，未證謂證，見勝進者，心生嫉妒。由彼眾生，未斷我愛，是故不能，入清淨覺。

【語譯】「信佛聞法而持戒行善的男兒！末法時代的有情眾生，不理解四相的真相，縱使信從佛陀的解說，依據佛陀的行止而進退，但若誤認為這些就是自我修行的正確途徑，那麼終究無法生就聖道。有時候存在這樣一種有情眾生，他們把未曾得到當作已經得到，把未曾證悟當作已經證悟，見到勝過自己而進入聖境的人，就心中充滿嫉恨。那是因為這樣的眾生，未能斬斷對於我相的執著貪愛，所以不能，升入清淨無雜的覺悟境界。

「善男子！末世眾生，希望成道，無令求悟，唯益多聞，增長我見❶。但當精勤，降伏煩惱，起大勇猛。未得令得，未斷令斷：貪瞋愛慢❷，諂曲嫉妒。對境不生，彼我恩愛，一切寂滅。佛說是人，漸次成就。求善知識，不墮邪見。若於所求，別生憎愛，則不能入，清淨覺海。」

【注釋】❶我見 梵語 ātma-dṛṣṭi 意譯。指誤以我相為實有的錯誤見解。❷慢 梵語 Māna 意譯。傲慢、虛榮，指由於我執而產生的對於自我的錯誤認識，又稱我慢，包括自己超越別人的優越感，或自己不如別人的攀比心。古印度目犍連造，初唐玄奘譯《阿毘達磨法蘊足論》卷九：「云何慢？謂於劣，謂己勝；或於等，謂己等。由此起慢，已慢，當慢。心舉恃，心自取。總名為慢。」

【語譯】「信佛聞法而持戒行善的男兒！末法時代的有情眾生，凡希望成就聖道的，不要讓他去刻意求悟，因為那樣做僅利於增長知識見聞，卻同時會加深執著我相的誤解。只當勇猛勤奮地，降伏種種煩惱妄念，興起精進求道的奮勇之心。這樣才能讓未能得到的終於得到，讓未能斷滅的終於斷滅：如貪婪、嗔怒、貪愛、傲慢，及諂媚、虛偽、嫉妒。即使面對紛繁的外緣境界也不生起，對於他者或自我的種種欲望貪婪，令一切妄念歸於寂滅。佛陀說這樣的人，必當漸次達至圓滿的悟境。求教於良師益友，不落入偏執見解的陷阱之中。然而倘若對於所求教的師友，再不適當地抱持某些憎惡或偏愛，那麼終究還是無法駛入，清淨無染的圓覺之海。」

尒時世尊，欲重宣此義，而說偈言：「淨業汝當知：一切諸眾生，皆由執我愛，無始妄流轉。未除四種相，不得成菩提。愛憎生於心，諂曲存諸念，是故多迷悶，不能入覺城。若能歸悟剎，先去貪瞋癡，法愛不存心，漸次可成就。我身本不有，憎愛何由生？此人求善友，終不墮邪見。所求別生心，究竟非成就。」

【語譯】那時，世間的尊者想重新闡明上述道理的大義，故以應頌的方式再次唱道：「淨諸業障菩薩你應當知道：一切有情眾生，都是由於執著於自我貪愛，從時間尚未開始就迷妄地流轉於生死之間。只要眾生不斷除四相的執著，就無法成就菩提境界。貪愛、憎恨生於心間，諂媚、虛偽存於意念，正是這些令眾生陷於迷惑、煩悶，無法步入覺悟的聖城。若想能夠回歸覺悟的寶剎，需先行祛除貪婪、嗔怒與癡愚，心中除去對於佛法的執愛，如此才逐漸可以成就聖道。自我的身體本來並非實有，那麼憎恨、貪愛又憑藉什麼而生呢？擁有這樣覺悟的人若能求取良師益友，那他最終就可以避免落入邪魔見解的陷阱。但倘若追求此心仍別有所求，那他終究無法成就圓覺。」

正宗分十・普覺菩薩

【分旨】本節依順前節淨諸業障末尾提出的「說病為法」而來，展開有關「四禪病」的討論。四禪病分別為作病、止病、任病、滅病，是四種對於禪修方式、方法的誤解。據涵虛，以上諸節，自金剛藏以降，稱慶的言辭之外總不免留有疑情，自本節起不再起疑，唯滿口稱慶。

於是，普覺菩薩，在大眾中，即從座起，頂禮佛足，右遶三帀，長跪叉手，而白佛言：「大悲世尊！快說禪病❶，令諸大眾，得未曾有，心意蕩然，獲大安隱❷。

【注釋】❶禪病　參禪修道者，由於未能把握正道而招致的各種身心疾病。❷安隱　同「安穩」。南朝陳智顗《法華文句》卷五下：「不為五濁八苦所危，故名安。四倒暴風所不能動，故名隱。」北宋徐鉉《說文新附》：「穩：蹂穀聚也。一曰：安也。从禾，隱省。【古通用安隱。】〔烏本切〕」

【語　譯】此時，普覺菩薩，從徒眾中的座位站起身來，五體投地而頭觸佛足，起身順向右繞佛陀三周，長跪叉手稟告佛陀：「悲憫而欲為眾生拔苦的世尊！感謝您暢快顯豁地說明了參禪不當的病症，讓我等與會的眾多菩薩，得到從沒有過的，心意的坦蕩開懷，獲得極致的安穩之感。

「世尊！末世眾生，去佛漸遠，賢聖隱伏，邪法增熾。使諸眾生，求何等人？依何等法？行何等行？除去何病？云何發心，令彼群盲，不墮邪見？」作是語已，五體投地，如是三請，終而復始。

【語　譯】「世間的尊者！末法時代的有情眾生，離開佛陀在世傳法的日子漸行漸遠，賢能的聖者隱遁不顯，邪惡的力量增長熾熱。這時讓那些有情眾生，求告於哪種人？憑藉什麼樣的方法？做出怎樣的行為？祛除怎樣的病根？我們這些菩薩要發下怎樣的宏願，才能讓那些眼明心盲的俗人，不落入偏執見解的陷阱之中呢？」提完這些問題，普覺菩薩再次五體投地禮敬佛陀，如此重複了三次，求請佛陀的解答。

爾時世尊，告普覺菩薩言：「善哉善哉！善男子！汝等乃能，諮問如來，如是修行，能施末世，一切眾生，無畏道眼，令彼眾生，得成聖道。汝今諦聽，當為汝說。」時，普覺菩薩，奉教歡喜，及諸大眾，默然而聽。

【語譯】那時，世尊便向普覺菩薩言道：「好啊好啊！信佛聞法而持戒行善的男兒！你們竟能為諸位菩薩，以及末世百姓，向佛陀諮詢，這些修行的落實方式，讓你等菩薩能施予末法時代的，一切有情眾生，無所畏懼的觀道之眼，讓那些有情眾生，能夠走上聖人的道路。現在你好好聽著，我來為你解說。」此時，見如來答允教誨，普覺菩薩無盡歡喜，和其他所有大眾安靜聽講。

「善男子！末世眾生，將發大心❶，求善知識，欲修行者，當求一切，正知見人：心不住相，不著聲聞、緣覺境界；雖現塵勞，心恆清淨；示有諸過，讚歎梵行；不令眾生，入不律儀。求如是人，即得成就，阿耨多羅，三藐三菩提❷。末世眾生，見如是人，應當供養，不惜身命。彼善知識，四威儀❸中，常現清淨；乃至示現，種種過患，心無憍慢；況復摶財、妻子眷屬？若善男子，於彼善友，不起惡念，即能究竟，成就正覺，心花發明，照十方剎❹。

【注　釋】❶大心　盡度眾生的菩提心願。後秦龜茲國鳩摩羅什（西元三四四－四一三年）譯《大智度論》卷四：「問曰：何等名菩提？何等名薩埵？答曰：菩提名諸佛道，薩埵名或眾生，或大心。是人，諸佛道功德，盡欲得其心，不可斷，不可破，如金剛山，是名大心。」❷阿耨多羅二句　梵語 anuttarā-samyak-sambodhi 音譯，可拆分為幾個部分：阿 (a-) 即無，耨多羅 (nuttara) 即更高，三 (sam-) 即完全，藐 (-myak) 即寰宇，菩提 (bodhi) 即覺悟。意譯「無上正等正覺」，也就是至高無上的圓滿覺悟。它是佛教修行所能達到的最高境界，即成就佛陀涅槃。初唐窺基（西元六三二－六八二年）《妙法蓮華經玄贊》卷二：「阿云無，耨多羅云上，三云正，藐云等。又三云正，菩提云覺，即是無上正等正覺。」❸四威儀　修行者行、住、坐、臥，四種日常行為應各有儀則，以便不損威德。南朝劉宋北印度罽賓國求那跋摩（西元三六七－四三一年）譯《菩薩善戒經》：「威儀苦者，名身四威儀：一者行，二者住，三者坐，四者臥。菩薩若行若坐，晝夜常調，惡業之心。忍行坐苦，非時不臥，非時不住，所住內外，若床若地，若草若葉，於此四處，常念供養，佛法僧寶。」❹剎　梵語 Kṣetra 音譯，又譯差多羅，意譯國土、淨土，即清淨無汙染的莊嚴世界。初唐玄應（生卒年不詳）《一切經音義》卷二〇：「差多羅，此譯云土田。經中或云國，或云土者，同其義也。或作剎土者，存二音也。」

【語　譯】「信佛聞法而持戒行善的男兒！末法時代的眾生，若欲發下盡度眾生的宏願，尋求良師益友，開啟真正的修行，就應尋求所有真知灼見的智者：他們內心不執著於表象，不滯留於聲聞、緣覺的層次；他們雖呈露於俗世的塵霾、勞苦當中，但心境卻能恆久地保持清澈潔淨；即使他們揭示你的過錯，但同時也不吝於讚美你持戒的善行；他們不會縱容眾生，陷於不守戒律的行儀。一旦找到這樣的人，就不難成就，至高無上的圓滿覺悟。末法時代的有情眾生，若見到這樣的人，就應當供養他，用不惜身家性命的程度。那些良師益友，日常行住坐臥的四種威儀當中，總能示現清澈明淨的行跡，當然他們也難以避免會出過錯，但內心絕不會有些許傲慢，又怎麼會執著於搜刮財富，眷溺於妻子、兒女和世俗親情呢？倘若信佛聞法而持戒行善的男兒，對那些良師益友，不起惡意（而心生親近），就能終極性地，成就圓滿覺悟，心花怒放，光彩照耀十方。

【箋疏】本段回答普覺的第一問「求何等人」。

「善男子！彼善知識，所證妙法，應離四病。云何四病？一者作病。若復有人，作如是言：我於本心，作種種行，欲求圓覺。彼圓覺性，非作得故。說名為病。二者任病。若復有人，作如是言：我等今者，不斷生死，不求涅槃。涅槃生死，無起滅念。任彼一切，隨諸法性，欲求圓覺。彼圓覺性，非任有故。說名為病。三者止病。若復有人，作如是言：我今自心，永息諸念。得一切性，寂然平等，欲求圓覺。彼圓覺性，非止合故。說名為病。四者滅病。若復有人，作如是言：我今永斷，一切煩惱。身心畢竟，空無所有，何況根塵，虛妄境界？一切永寂，欲求圓覺。彼圓覺性，非寂相故。說名為病。離四病者，即知清淨。作是觀者，名為正觀。若他觀者，名為邪觀。

【語譯】「信佛聞法而持戒行善的男兒！那些良師益友，所證悟的神妙佛法，昭示人們應該遠離四種錯誤的禪修方式。有哪四種病呢？第一種病是故作、造作。倘若又有個人，開口言道：我從本心之中，故作種種修行，由此尋求圓覺境界。然而那圓覺自性，卻並非通過故作就能求得。因此這種情況就稱為一種病症。第二種病是聽任、任從、任憑。倘若又有個人，開口言道：我們如今，不斷滅生死輪迴，不追求涅槃寂靜。涅槃亦好輪迴也罷，既不生燃起它也不生澆滅它的念頭。聽任一切事物的變化，隨著萬物自身的特性而行，由此尋求圓覺境界。然而那圓覺自性，卻並非通過聽之任之就能擁有。因此這種情況就稱為一種病症。第三種病是止息、停止。倘若又有個人，開口言道：我如今在自己的內心當中，永遠停息所有的念頭。我抱持這樣一種觀念即一切事物的本性，都安然不動彼此平等，由此尋求圓覺境界。然而那圓覺自性，卻並非通過止息就能相合。因此這種情況就稱為一種病症。第四種病是寂滅、斷滅。倘若又有個人，開口言道：我如今永遠斷滅，一切煩惱的三毒根源。因為身體與心靈說到底，本性原是空無所有，又何況六根六塵，以及虛幻妄想的世界呢？一切事物都永遠是寂滅不動的，由此尋求圓覺境界。然而那圓覺自性，卻並非寂滅的表象。因此這種情況就稱為一種病症。若能脫離這四種病症，就可了解清淨世界的本質。這樣一種見解，才稱作正確的觀念。若是其他種類的見解，都只能稱作邪惡的觀念。

【箋　疏】本段回答普覺的第二問「依何等法」。

「善男子！末世眾生，欲修行者，應當盡命，供養善友，事善知識。彼善知識，欲來親近，應斷憍慢，若復遠離，應斷瞋恨。現逆順境，猶如虛空，了知身心，畢竟平等，與諸眾生，同體無異。如是修行，方入圓覺。

【語　譯】「信佛聞法而持戒行善的男兒！末法時代的有情眾生，凡立志修行佛法的人，應當竭盡全力，供養良師益友，侍奉正直並能教導正道的人。那些正直並能教導正道的人，若他們要來向你表達親近，你就該斷除自身的傲慢，若他們一時又遠離於你，你也應斷除心中的憤恨。對於眼前出現的逆境順境，要知道它們實則都好像虛空，要理解自己的身體心靈，本質上和萬物平等無別，與有情眾生，彼此同一圓覺體性而沒有差異。唯有這樣修行，才能步入圓覺的聖殿。

【箋　疏】本段回答普覺的第三問「行何等行」。

「善男子！末世眾生，不得成道，由有無始，自他憎愛，一切種子❶，故未解脫。若復有人，觀彼怨家，如己父母，心無有二，即除諸病。於諸法中，自他憎愛，亦復如是❷。」

【注釋】❶種子　梵語bīja意譯。古印度犍陀羅國世親造，初唐玄奘譯《攝大乘論釋》卷二：「謂有能生，雜染品法，功能差別，相應道理，由與生彼，功能相應，故名一切種子識。於此義中，有現譬喻，如大麥子。於生自芽，有功能，故有種子性。若時陳久，或火相應，此大麥果，功能損壞，爾時麥相，雖住如本，勢力壞故，無種子性。阿賴耶識，亦復如是。」❷亦復如是　「亦復如是」至本節末尾，即偈言末句「證覺般涅槃」，此段文字，底本缺佚，據《趙城金藏》補。

【語譯】「信佛聞法而持戒行善的男兒！末法時代的有情眾生，之所以不能成就聖道，是因為有時間開始以前便有的，能生發對於自我、他人的憎恨與溺愛的，一切有漏種子，所以無法解脫。倘若又有個人，看待那些冤家對頭，好像自己的父母一般，心中不存兩者有所分別的執念，就可以祛除四種禪病。同理面對萬事萬物，所產生的所有關於自身、他人的好惡去取，也適用同樣的這番道理。

【箋疏】本段回答普覺的第四問「除去何病」。

「善男子！末世眾生，欲求圓覺，應當發心，作如是言：『盡於虛空，一切眾生，我皆令入，究竟圓覺。於圓覺中，無取覺者，除彼我人，一切諸相。』如是發心，不墮邪見。」

【語譯】「信佛聞法而持戒行善的男兒！末法時代的有情眾生，要想尋求圓覺聖道，就應發下誓願，說出如下的話：『窮盡虛空般的廣大宇宙之中，一切有情眾生，我都要努力讓他進入，終極的圓覺殿堂。在圓覺聖境中，不存在刻意求取覺悟的人，也斷除了我相、人相等等，上述一切令人陷於執著的四相。』這樣發下誓願的話，就不會墮落於邪惡見解的陷阱之中了。」

【箋疏】本段回答普覺的第五問「云何發心，令彼群盲，不墮邪見」。

尒時世尊，欲重宣此義，而說偈言：「普覺汝當知：末世諸眾生，欲求善知識，應當求正見，心遠二乘者。法中除四病，謂作止任滅。親近無憍慢，遠離無瞋恨。見種種境界，心當生希有，還如佛出世。度一切眾生，究竟入圓覺。無彼我人相，常依止智慧，便得超邪見，證覺般涅槃（ㄋㄧㄝˋ ㄆㄢˊ）❶。」

【注釋】❶般涅槃　摩訶般涅槃的簡稱，即大涅槃，指終極的解脫境地。

【語譯】那時，世間的尊者想重新闡明上述道理的大義，故以應頌的方式再次唱道：「普覺菩薩你應當知道：末法時代的有情眾生，要想求得良師益友，就應當尋求正確的見解，令內心遠離聲聞、圓覺二乘。在追求佛法的道路上祛除四種禪病，也就是所說的作、止、任、滅。當求法者親近你時不要傲慢，而當他遠離你時也不要憤恨。眼見世間的種種情境，心中應當生出高貴的無分別的徹悟，就好像佛陀出世所達至的境界。超度一切有情眾生，令他們進入終極的圓覺聖殿。沒有他人、自我的人相、我相的分別，恆常地憑藉道法的智慧，於是便能超脫邪惡的見地，證悟圓覺大般涅槃的真諦。」

正宗分十一・圓覺菩薩

【分　旨】「圓覺」二字，代表已達圓滿覺悟的最高境界。因此自本節起，圓覺菩薩不再以自身為未悟者的代表，為自身的迷妄發問，而僅為未來如何救度其他未悟者而發問。圓覺節共兩個問題，都是圍繞這個方向展開：其一，結夏安居的具體操作如何？其二，圓覺三觀（奢摩他、三摩缽提、禪那），哪一項最重要？又，圓覺節再次提及「秘密」，將之作為圓覺心的修飾語。再次透露本經與密宗的關係。

於是，圓覺菩薩，在大眾中，即從座起，頂禮佛足，右遶三帀，長跪叉手，而白佛言：「大悲世尊！為我等輩，廣說淨覺，種種方便，令末世眾生，有大增益。

【語　譯】此時，圓覺菩薩，從徒眾中的座位站起身來，五體投地而頭觸佛足，起身順向右繞佛陀三周，長跪叉手稟告佛陀：「悲憫而欲為眾生拔苦的世尊！您為我們這些人，周全廣備地講說清淨圓覺道法中的，種種方便法門，讓末法時代的有情眾生，擁有巨大的增益。

「世尊！我等今者，已得開悟。若佛滅後，末世眾生，未得悟者，云何安居❶，修此圓覺，清淨境界？此圓覺中，三種淨觀，以何為首？唯願大悲，為諸大眾，及末世眾生，施大饒益。」作是語已，五體投地，如是三請，終而復始。

【注釋】❶安居　雨安居、結夏安居的簡稱，梵語作varṣa，意即雨水。古印度雨季的三個月期間（五至八月或六至九月），出家人集結修行，期間不許隨意外出。南朝劉宋佛陀什、竺道生譯《五分律》卷一九「安居法」：「佛在舍衛城。爾時諸比丘春夏冬，一切時遊行，蹈殺蟲草，擔衣物重，疲弊道路。諸居士見，譏訶言：此諸外道沙門、婆羅門，尚知三時，夏則安居；眾鳥猶作巢窟，住止其中；而諸比丘不知三時，應行、不行。常說少欲，慈愍護念眾生；而今踐蹈，無仁惻心。無沙門行，破沙門法！諸長老比丘聞，種種訶責，以是白佛。佛以是事，集比丘僧，問諸比丘：汝等實爾不？答言：實爾。世尊！佛種種訶責已，告諸比丘：不應一切時遊行，犯者突吉羅！從今聽夏結安居。」

【語譯】「世間的尊者！我們如今，雖然已經得到開悟。然而倘若佛陀入滅之後，那時末法時代的有情眾生，尚未獲得開悟的人，怎樣通過集結安居的方式，修行圓覺道法，體悟清淨境界呢？

在圓覺世界之中，靜、幻、寂三種清淨觀法，哪種是最重要的一步呢？只盼望最稱悲憫的佛陀，為與會的大眾，和末法時代的有情眾生，施與寬大的利益吧。」提完這些問題，圓覺菩薩再次五體投地禮敬佛陀，如此重複了三次，求請佛陀的解答。

尒時世尊，告圓覺菩薩言：「善哉善哉！善男子！汝等乃能，問於如來，如是方便，以大饒益，施諸眾生。汝今諦聽❶，當為汝說。」時圓覺菩薩，奉教歡喜，及諸大眾，默然而聽。

【注釋】❶汝今諦聽　底本作「汝等諦聽」，誤。全經十二菩薩各節，相同結構處皆作「汝今諦聽」。《趙城金藏》亦作「汝今諦聽」，據改。

【語譯】那時，世尊便向圓覺菩薩言道：「好啊好啊！信佛聞法而持戒行善的男兒！你們竟能為諸位菩薩，以及末世百姓，向佛陀請教，這樣的方便法門，懇請我以寬大的利益，施與有情眾生。現在你好好聽著，我來為你解說。」此時，見如來答允教誨，圓覺菩薩無盡歡喜，和其他所有大眾安靜聽講。

「善男子！一切眾生，若佛住世，若佛滅後，若法末時，有諸眾生，具大乘性，信佛秘密，大圓覺心，欲修行者。若在伽藍❶，安處徒眾，有緣事故，隨分思察，如我已說。若復無有，他事因緣，即建道場❷，當立期限：若立長期，百二十日，中期百日，下期八十日，安置淨居。若佛現在，當正思惟。若佛滅後，施設形像，心存目想，生正憶念，還同如來，常住之日。懸諸幡花，經三七日，稽首十方，諸佛名字，求哀懺悔。遇善境界，得心輕安。過三七日，一向攝念❸。若經夏首，三月安居，當為清淨，菩薩止住，心離聲聞，不假徒眾。至安居日，即於佛前，作如是言：『我比丘❹、比丘尼❺、優婆塞❻、優婆夷❼某甲❽，踞菩薩乘，修寂滅行，同入清淨，實相住持，以大圓覺，為我伽藍，身心安居，平等性智。涅槃自性，無繫屬故。今我敬請，不依聲聞，當與十方如來，及大菩薩，三月安居。為修菩薩，無上妙覺，大因緣故，不繫徒眾。』

【注　釋】❶伽藍　僧伽藍摩的簡稱，梵語 saṃghārāma 音譯。意譯僧眾共同居住的園林，後指寺廟。❷道場　原為佛陀成道之地，後泛指僧侶、信眾修行佛道的場域。《妙法蓮華經》卷六〈如來神力品〉：「所在國土，若有受持、讀誦、解說、書寫、如說修行，若經卷所住之處，若於園中，若於林中，若於樹下，若於僧坊，若白衣舍，若在殿堂，若山谷曠野，是中皆應，起塔供養，所以者何？當知是處，即是道場。」❸過三七日二句　底本「過三七日，一向攝念」八字，原在「遇善境界，得心輕安」八字之後。據涵虛：「輕安然後攝念，意不順也。」故提前。❹比丘　梵語 bhikṣu 音譯，意譯乞士男，指受過具足戒的男性出家眾。後秦龜茲國鳩摩羅什（西元三四四—四一三年）譯《大智度論》卷三：「云何名比丘？比丘名乞士。」❺比丘尼　梵語 bhikṣuṇī 音譯，意譯乞士女，指受過具足戒的女性出家眾。❻優婆塞　梵語 Upāsaka 音譯，意譯近善男，指皈依三寶而居家修行的男性在家眾，即信士、居士。初唐玄應（生卒年不詳）《一切經音義》卷二一：「鄔波索迦，或言優波娑迦，近侍也，言優婆塞者，訛也。此云近善男，亦云近宿男，謂近三寶而住宿也，或言清信士、善宿男者，義譯也。」❼優婆夷　梵語 Upāsikā 音譯，意譯近善女，指皈依三寶而居家修行的女性在家眾，即信女。初唐玄應（生卒年不詳）《一切經音義》卷二一：「鄔波斯迦，或言優波賜迦，此云近善女，言優婆夷者，訛也。」

❽某甲　第一人稱代詞，據呂叔湘《近代漢語指代詞》（頁四七），始於六朝，唐宋沿用。

【語　譯】「信佛聞法而持戒行善的男兒！一切有情眾生，無論佛陀安住世間之時，或佛陀入滅之後，或末法時代已經來臨，都會有諸多有情眾生，具備大乘佛法的秉性，相信佛身具備祕密珍藏的，偉大的圓覺心性，立志要修行聖道。倘若他住在寺廟，安處於徒眾當中，因為有外緣事務纏身，就可依隨自己的性分思考體察，就當作已聽過了我對道法的宣講。倘若一時不再有，其他事務縈繞掛懷，就可建立修習佛道的壇場，並且應當設立期限：倘若所立為長期，就設定一百二十天，中期則為一百天，短期則為八十天，期間安住下來齋淨身心。倘若佛陀在世，就應端正自己的思維。倘若到了佛陀入滅之後，就可設立呈現佛陀形體的雕塑、畫像，心中存念眼睛注視以想像，從而生出正確的回憶，就好像如來，生前恆常安住的時日。懸掛經幡播撒香花，經過二十一天，向上下四方四維行稽首大禮，心念諸佛名號，向其哀求懺悔。歷經二十一天，堅持不懈地收束雜念。就可遇見諸種善好境界，得到內心的輕快安樂。倘若時經夏初，結夏安居三月之久，就應修持清心靜念的，菩薩禪定，期間心靈既無需聲聞之教，也無需徒眾之助。到了開始安居的日子，就跪於佛前，道出這樣的話：『我是比丘，或比丘尼，或居士，或信女某某，站在菩薩乘的道法平臺，實踐追求寂滅的修行，希望眾生一起進入清淨真諦所在的地方安住不動，將偉大的圓滿覺悟，當作修行駐錫的廟宇，身體心靈安然居於，平等無二的圓覺自性、般若智慧當中。因為涅槃寂滅的本性，本來廓然無礙無所繫縛。我如今虔敬地請求，不依靠佛陀聲教，而與諸方如來，和大菩薩，安居夏間三月。為了修習屬於菩薩道的，無上妙法圓覺，這一大事因緣，就不拘限自己於徒眾當中了。』

【箋疏】本段「得心輕安」，所指即威德自在節所云「內發輕安」。

「善男子！此名菩薩，示現安居，過三期日，隨往無礙。

【語譯】「信佛聞法而持戒行善的男兒！這就叫做所謂的菩薩，示現的結夏安居，經過或長、中、短的三種期限，它可令修行者其後隨往而自由無阻。

「善男子！若彼末世，修行眾生，求菩薩道，入三期者。非彼所聞，一切境界，終不可取。

【語譯】「信佛聞法而持戒行善的男兒！倘若那些末法時代，修行的有情眾生，想要追求菩薩乘的道法，而進入或長、中、短的三種安居期限。期間修行者若聽聞與上述我所講授不同的，一切情境，那都是不可取的。

「善男子！若諸眾生，修奢摩他。先取至靜，不起思念，靜極便覺。如是初靜，從於一身，至一世界，覺亦如是。

【語譯】「信佛聞法而持戒行善的男兒！倘若諸位修道的有情眾生，修習奢摩他的靜觀法門。他就應先求取進入至靜的狀態，不生起任何思考、想念，進入極致的靜定狀態之後便可獲得覺悟。像這樣初步修習靜觀，從自己單一的身心，使寂靜逐漸遍滿世界虛空，圓滿的覺悟也是這樣漸進的順序。

【箋疏】「如是初靜，從於一身，至一世界，覺亦如是」與〈正宗分三・普眼菩薩〉「一切實相，性清淨故，一身清淨。一身清淨故，多身清淨。多身清淨故，如是乃至，十方眾生，圓覺清淨」相呼應。

「善男子！若覺遍滿，一世界者，一世界中，有一眾生，起一念者，皆悉能知。百千世界，亦復如是。非彼所聞，一切境界，終不可取。

【語譯】「信佛聞法而持戒行善的男兒！倘若修行者自身的覺性已經遍布，整個世界，這時這一世界之中，倘若有另一位有情眾生，生起一個意念，那麼修行者也能悉皆了知。此外百千萬億的世界，在修行者面前也是同樣的通透無礙。期間修行者若聽聞與上述我所講授不同的，一切情境，那都是不可取的。

「善男子！若諸眾生，修三摩鉢提。先當憶想，十方如來，十方世界，一切菩薩，依種種門，漸次修行，勤苦三昧，廣發大願，自熏成種❶。非彼所聞，一切境界，終不可取。

【注釋】❶自熏成種　南朝真諦譯《大乘起信論》：「熏習義者，如世間衣服，實無於香，若人以香，而熏習故，則有香氣。此亦如是，……無明染法，實無淨業，但以真如，而熏習故，則有淨用。」

【語　譯】「信佛聞法而持戒行善的男兒！倘若諸位修道的有情眾生，修習三摩鉢提的幻觀法門。他就應先想像，十方世界的如來，以及十方世界的，一切菩薩，依據種種不同的方便法門，一步步地修行，勤修苦練始能具備的如幻三昧，並發下宏大的誓願，用自己心中的真如本性熏習自身而令自身成為衍生善法的種子。期間修行者若聽聞與上述我所講授不同的，一切情境，那都是不可取的。

【箋　疏】本節「自熏成種」的觀念，一方面源於《成唯識論》的「種子薰習」，一方面又有發展，源於《大乘起信論》之「真如熏習」觀念中的「自體相熏習」。北宋黃庭堅〈賈天錫惠寶熏乞詩予以兵衛森畫戟燕寢凝清香十字作詩報之〉（十首其十）使用了本節的觀念和表達：「衣篝麗紈綺，有待乃芬芳。當念真富貴，自薰知見香。」

「善男子！若諸眾生，修於禪那。先取數門❶，心中了知，生住滅念。分齊頭數，如是周遍，四威儀中，分別念數，無不了知，漸次增進，乃至得知，百千世界，一滴之雨，猶如目覩，所受用物。非彼所聞，一切境界，終不可取。是名三觀，初首方便。若諸眾生，遍修三種，勤行精進，即名如來，出現于世。若後末世，鈍根眾生，心欲求道，不得成就，由昔業障。當勤懺悔，常起希望，先斷憎愛，嫉妒諂曲，求勝上心。三種淨觀，隨學一事。此觀不得，復習彼觀，心不放捨，漸次求證。」

【注　釋】❶數門　數息法門的簡稱。梵語 ānāpāna-smṛti 意譯，音譯加意譯「安那般那念」。「安那」(āna) 為持來，「般那」(apāna) 為持去，對應於入息 (assāsa)、出息 (passāsa)，即氣息 (pāṇa) 進入、離開身體。「念」(sati) 為念住之念。

【語　譯】「信佛聞法而持戒行善的男兒！倘若諸位修道的有情眾生，修習禪那的寂觀法門。先取徑入息、出息的數息法門，心中清晰地照見，生、住、異、滅四相的真實本質。他們應在心中分辨明白地數息，這樣不間斷且周全地，於行、住、坐、臥四種威儀當中，分別息念安住，於世間萬法的生滅沒有不了知的，漸漸增進這種覺知的智慧，乃至最終能不斷增長這種認知，以致哪怕只是對於萬千世界當中，一滴雨水的了解，也好像是面對眼前、手邊，正面對、處理的事事物物。期間修行者若聽聞與上述我所講授不同的，一切情境，那都是不可取的。以上三段就是所謂圓覺三觀，各自開始階段的入手方法。倘若諸位有情眾生，周遍地修習三種淨觀，勤苦修行勇猛精進，那麼他就是現實中的如來，出現於世人面前。倘若其後末法時代，根機遲鈍的有情眾生，心中立志追求聖道，之所以不能有所成就，是由於昔日累積的惡業障礙。此種人應勤苦懺悔，常常自勵生出希望，先斷滅自身對外物的憎恨、貪愛，斷除自身的嫉妒、諂媚、虛偽，追求勝過一切的無上道心。奢摩他、三摩鉢提、禪那三種淨觀，隨著自己的性情、機緣修學其中一種。此種觀法若無法有成，就再修習別種觀法，讓內心不輕易放棄，逐步地求證聖道。」

尒時世尊，欲重宣此義，而說偈言：「圓覺汝當知：一切諸眾生，欲求無上道，先當結三期，懺悔無始業。經於三七日，然後正思惟，非彼所聞境，畢竟不可取。奢摩他至靜，三摩正憶持，禪那明數門，是名三淨觀。若能勤修習，是名佛出世。鈍根未成者，常當勤心懺，無始一切罪。諸障若銷滅，佛境便現前。」

【語譯】那時，世間的尊者想重新闡明上述道理的大義，故以應頌的方式再次唱道：「圓覺菩薩你應當知道：一切有情眾生，若立志追求無上正道，應當先結夏安居並安排或長或中或短的三種期限，懺悔自身無始以來造下的惡業。經過二十一天，然後端正自己的思維，要充分意識到若非從佛陀教誨所聽聞的情境、方法，說到底都是不可取的。奢摩他的至靜觀法，三摩鉢提幻觀的正確的憶念修持，禪那寂觀的明白的數息法門，這些就是所謂的三種淨觀。求道者倘若能勤苦修習，就是佛陀出現於世間。根機魯鈍而未成聖道的，應當常常勤心懺悔，自身無始以來造下的一切罪業。倘若諸多業障都能一一銷滅，佛陀的聖境就會出現在眼前。」

正宗分十二・賢善首菩薩

【分旨】本節為全經總結。涉及本經的五種不同異名，聖經的神奇功能，菩薩護持經典的責任，以及傳經的目的。從主要內容上看，第十二賢善首節，實則相當於全經的「利益分」。《大藏經》中，除《圓覺經》外，沒有任何其他經典出現過「賢善首菩薩」的名號。據涵虛，所謂「賢」表示能力，所謂「善」表示正邪，所謂「首」表示眾菩薩歷經佛陀教誨，如今法器已成，已堪作傳播經典並引領眾生求道的元首。筆者認為，賢善首菩薩形象的塑造，正說明本經實為虛構。而該節的設置，再次印證了全經十二圓覺菩薩實為一體，十二節當視作菩薩成長的全過程。

於是，賢善首菩薩，在大眾中，即從座起，頂禮佛足，右遶三帀，長跪叉手，而白佛言：「大悲世尊！廣為我等，及末世眾生，開示❶如是，不思議事。

【注　釋】❶開示　底本及諸校本皆作「開悟」。據涵虛：「既云廣為，而云開悟，文未便故。自經初至此，其所開示，皆如來因地之法行、果上親證之境界。」其對於經文脈絡中，何處該用開悟、何處該用開示的辨析，清晰有理。易言之，開示為佛陀主動，開悟為菩薩、眾生被動，故據改。

【語　譯】此時，賢善首菩薩，從徒眾中的座位站起身來，五體投地而頭觸佛足，起身順向右繞佛陀三周，長跪叉手稟告佛陀：「悲憫而欲為眾生拔苦的世尊！廣備周全地為我們菩薩，和末法時代的有情眾生，開導這樣，不可思議的妙境。

「世尊！此大乘教，名字何等？云何奉持？眾生修習，得何功德？云何使我，護持經人，流布此教？至於何地？」作是語已，五體投地，如是三請，終而復始。

【語　譯】「世間的尊者！您所開示的大乘教法，它的名稱是什麼？我們該怎樣正確奉行持守？有情眾生若照它修習，會有怎樣的功德利益？要怎樣才能讓我們這些，保護、奉持經典的人，合理有效地傳布其中的教法？需要我們將經典傳向什麼地方？」提完這些問題，賢善首菩薩再次五體投地禮敬佛陀，如此重複了三次，求請佛陀的解答。

爾時世尊，告賢善首菩薩言：「善哉善哉！善男子！汝等乃能，為諸菩薩，及末世眾生，問於如來，如是經教，功德名字。汝今諦聽，當為汝說。」時，賢善首菩薩，奉教歡喜，及諸大眾，默然而聽。

【語譯】那時，世尊便向賢善首菩薩言道：「好啊好啊！信佛聞法而持戒行善的男兒！你們竟能為諸位菩薩，以及末世百姓，向佛陀請教，這樣一番經典、教化，其中的功德利益以及聖經的諸多異名。現在你好好聽著，我來為你解說。」此時，見如來答允教誨，賢善首菩薩無盡歡喜，和其他所有大眾安靜聽講。

「善男子！是經百千，萬億恆河沙，諸佛所說。三世如來，之所守護。十方菩薩，之所歸依。十二部經❶，清淨眼目。是經名《大方廣圓覺陀羅尼》，亦名《修多羅了義》，亦名《秘密王三昧》，亦名《如來決定境界》，亦名《如來藏自性差別》。汝當奉持。

【注釋】❶十二部經　禪籍常作「十二分教」，即佛陀所說法之總稱，據其形式、內容或方法等不同邏輯，分十二類：第一契經或長行，以散文直接記載佛陀教說。第二應頌，以偈頌重複闡釋契經。第三記別或授記，指佛陀對弟子未來所作之證言。第四諷頌或孤起，全部以偈頌記載佛陀教說，與應頌不同——應頌僅為重述契經，諷頌則以頌文頌出教義，故稱孤起。第五自說，佛陀不待他人問法而自行開示。第六因緣，載佛說法之因緣，如諸序品。第七譬喻，以譬喻宣說。第八本事，本生以外，佛陀與弟子前生之行誼。第九本生，佛陀前生的修行。第十方廣，廣大深奧的教義。第十一希法或未曾有法，佛陀及諸弟子希有之事。第十二論議，佛論議抉擇諸法體性，分別明了其義。

【語　譯】「信佛聞法而持戒行善的男兒！這部聖經是經過，成百上千萬億多如恆河之沙的，佛陀所宣說的。它是過去、現在、未來三世如來，所守護的。它是十方菩薩，所歸依奉行的。它堪稱所有十二部藏經的，清朗綱目。這部經名為《大方廣圓覺陀羅尼》，也可名為《修多羅了義》，也可名為《秘密王三昧》，也可名為《如來決定境界》，也可名為《如來藏自性差別》。你應該敬心奉行、持守。

【箋　疏】本節羅列的五種《圓覺經》異名，進一步凸顯了此經意在融攝不同宗派的編撰意圖，尤其針對方廣部、密宗和如來藏學派。

「善男子！是經唯顯，如來境界。唯佛如來，能盡宣說。若諸菩薩，及末世眾生，依此修行，漸次增進，至於佛地。

【語　譯】「信佛聞法而持戒行善的男兒！這部聖經只是用來顯現，如來所達至的境界的。只有佛陀如來，能盡善盡美地宣講、闡釋它。倘若諸位菩薩，和末法時代的有情眾生，依據這部經典修行，就可一步步地增進自身，最終到達佛陀的果地。」

「善男子！是經名為，頓教❶大乘。頓機眾生，從此開悟。亦攝漸修，一切群品。譬如大海，不讓小流。乃至蚊蚋❷，及阿脩羅❸，飲其水者，皆得充滿。

【注　釋】❶頓教　頓然迅疾成就佛果的教法。相對於漸教，即長時間修持而後逐漸到達悟境的教法。❷蚋　《金藏》作「蝱」。❸阿脩羅　梵語 Asura 音譯，原為古印度戰神，後為佛教吸收，成為六道之一，又常為佛陀護法，特徵易怒、好鬥。東晉佚名譯《舍利弗問經》不分卷：「阿修羅神者，志強，不隨善友所作淨福，好逐幻偽之人，作諸邪福，傍於邪師，甚好布施，又樂觀他鬥訟，故受今身。」

【語　譯】「信佛聞法而持戒行善的男兒！這部經典屬於，演說頓然覺悟的大乘教法一類。根機敏捷的有情眾生，就可從這部經典獲得開悟。但它同時也函攝漸修層次的，一切種類的眾生。好像胸懷寬廣的大洋大海，不會拒絕細小川流的匯入。下至蚊蠅蚋蚋，上至偉大的戰神阿修羅，凡飲用其水，都可以飽滿而歸。

「善男子！假使有人，純以七寶❶，積滿三千，大千世界❷，以用布施❸，不如有人，聞此經名，及一句義。

【注釋】❶七寶 梵語 Sapta-ratna 意譯，人間最貴重的七種寶物。《華嚴經》卷一三：「周遍觀察，見此大城，眾寶嚴飾，以金、銀、瑠璃、玻瓈、赤珠、硨磲、碼碯，七寶所成。七重寶塹，周匝圍遶。」❷三千大千世界 梵語 Trisahasra-maha-sahasra-lokadhatu 意譯。後秦龜茲國鳩摩羅什（西元三四四—四一三年）譯《大智度論》：「問曰：云何為三千大千世界？答曰：佛《雜阿含》中分別說：千日，千月，千閻浮提，千瞿陀尼，千鬱怛羅越，千弗婆提；千須彌山，千四天王天處，千三十三天，千夜摩天，千兜率陀天，千化自在天，千他化自在天，千梵世天，千大梵天，是名小千世界，名周利。以周利千世界為一，一數至千，名二千中世界。以二千中世界為一，一數至千，名三千大千世界。初千小，二千中，第三名大千。千千重數，故名大千；二過復千，故言三千；是合集名。百億日月，乃至百億大梵天，是名三千大千世界。一時生、一時滅。」❸布施 梵語 Dāna 意譯，音譯檀那。佛教的修行方式，指為了獲得超度，將自己的財富贈予他人。《妙法蓮華經・提婆達多品・第十二》：「吾於過去，無量劫中，……為欲滿足，六波羅蜜，勤行布施，心無悋惜，象馬七珍，國城妻子，奴婢僕從，頭目髓腦，身肉手足，不惜軀命。」

【語譯】「信佛聞法而持戒行善的男兒！假使有人，單純的用金、銀、瑠璃、玻瓈、赤珠、硨磲、碼碯這七種珍寶，多到能夠堆滿三千大千世界的那種程度，以之贈予他人，即使如此也不如有人，聽到這部經典的名字，或一句經文真意所獲得的功德。

「善男子！假使有人，教百恒河沙眾生，得阿羅漢果，不如有人，宣說此經，分別半偈。

【語譯】「信佛聞法而持戒行善的男兒！假使有人，令百條恒河沙般眾多的有情眾生，獲得阿羅漢果位，即使如此也不如有人，宣講演說這部經典，哪怕只是分析其中半句偈文。

「善男子！若復有人，聞此經名，信心不惑。當知是人，非於一佛二佛，種諸福慧，如是乃至，盡恒河沙，一切佛所，種諸善根❶，聞此經教。汝善男子，當護末世，是修行者，無令惡魔❷，及諸外道，惱其身心，令生退屈。」

【注釋】❶善根　梵語 Kuśala-mūla 意譯，能夠滋長出善的各種思想、行為，猶如樹根。塞建陀羅造，初唐玄奘譯《入阿毘達磨論》：「能為根，生餘善法，故名善根。」❷惡魔　梵語 māra 意譯，音譯魔羅，指引誘、迫害求道者的心志乃至損傷其身體的鬼神。南朝劉宋求那跋陀羅譯《雜阿含經》卷三九：「色受想行識，非我及我所，若知真實義，於彼無所著。心無所著法，超出色結縛，了達一切處，不住魔境界。」

【語譯】「信佛聞法而持戒行善的男兒！倘若又有人，聽聞這部經典的名字，從而擁有信心不再迷惑。應當知道這個人，並非只是在一位佛陀或兩位佛陀面前，種下諸多福德與智慧的種子，而是這樣不斷播種直至，窮盡了恆河沙般眾多的，一切佛陀所在的聖地，種植了眾多善根，才能有緣聽聞此番宣講《圓覺》的經教。你們這些信聞佛法而持戒行善的男兒，應當保護身處末法時代的，這些實修的人，不要讓那些心懷惡意的鬼怪，和持有異端邪說的人，煩惱修持正法者的身心，使其萌生退轉之意。」

尒時世尊，欲重宣此義，而說偈言：「賢善首當知：是經諸佛說。如來等護持，十二部眼目。名為大方廣，圓覺陀羅尼，顯如來境界。依此修行者，增進至佛地。如海納百川，飲者皆充滿。假使施七寶，積滿三千界，不如聞此經。若化河沙眾，皆得阿羅漢，不如聞半偈。汝等於來世，護是宣持者，無令生退屈。」❶

【注釋】❶尒時世尊二十三句　自「尒時世尊，欲重宣此義，而說偈言」至「無令生退屈」，凡一一三字，為宋本以下傳世諸本所無，據松本文三郎（西元一八六九—一九四四年）所獲「古宋本《大方廣圓覺修多羅了義經》」補。見《卍大日本續藏經》第一輯，第貳編乙，第四冊．補遺，頁三五三〈圓覺經佚文〉。

【語譯】那時，世間的尊者想重新闡明上述道理的大義，故以應頌的方式再次唱道「賢善首菩薩你應當知道：這部經典是諸位佛陀所宣講的。如來對於它的守護，就像是守護十二部《大藏經》的綱目。它名為《大方廣圓覺陀羅尼》，忠實顯示了如來得道的境界。依據這部經典修行的人，可一步步晉升道法佛陀的果地。像容納百川的大海一般深廣，從中取水的人都能飲滿而歸。假使有人用七種珍寶來布施，哪怕堆滿了三千大千世界，他所做的功德也不如聽聞這部經典的布道。倘若度化了恆河沙般眾多的有情眾生，令他們都得到阿羅漢的果位，也不如令他們聽聞這部經典半偈的教法而功德深切。你們在未來時空，定要守護宣講、護持這部經典人，讓他們不要生出退轉的心。」

流通分

【分　旨】金剛、天王、鬼王等護法神，分別誓言守護持信《圓覺經》的信眾。本分涉及的諸多護法神，密教色彩皆極為濃厚。

尒時會中，有火首金剛❶、摧碎金剛、尼藍婆金剛❷等，八萬金剛，并其眷屬，即從座起，頂禮佛足，而白佛言：「世尊！若後末世，一切眾生，有能持此，決定大乘，我當守護，如護眼目。乃至道場，所修行處，我等金剛，自領徒眾，晨夕守護，令不退轉❸。其家乃至，永無災障，疫病銷滅，財寶豐足，常不乏少。」

【注　釋】❶火首金剛　梵語 Ucchusma 意譯，音譯「烏芻瑟摩」，又名「火頭金剛明王」。中天竺般刺蜜諦譯（唐中宗神龍元年，西元七〇五年）《首楞嚴經》卷五：「烏芻瑟摩，於如來前，合掌頂禮，佛之雙足，而白佛言：我常先憶，久遠劫前，性多貪欲，有佛出世，名曰空王，說多婬人，成猛火聚。教我遍觀，百骸四肢，諸冷暖氣，神光內凝，化多婬心，成智慧火。從是諸佛，皆呼召我，名為火頭。我以火光，三昧力故，成阿羅漢，心發大願，諸佛成道，我為力士，親伏魔怨。」 金剛，「執金剛神」的簡稱，又稱「密跡金剛」，梵語 Vajradhara 意譯，佛教護法神之一，手持金剛杵，外貌兇惡，象徵以巨力打敗外道。盛唐善無畏、一行（西元六八三－七二七年）譯《大毘盧遮那成佛神變加持經》卷一：「毘盧遮那佛，告持金剛祕密主言：善哉善哉！執金剛！善哉！金剛手！汝問吾如是義，汝當諦聽，極善作意。金剛手言：如是世尊，願樂欲聞。」盛唐一行《大毘盧遮那成佛經疏》：「金剛手祕密主者，梵云播尼，即是手掌，掌持金剛與手執義同，故經中二名互出也。西方謂夜叉為祕密。以其身、口、意，速疾隱祕，難可了知故，舊翻或云密跡。若淺略明義，祕密主，即是夜叉王也。執金剛杵，常侍衛佛，故曰金剛手。」 ❷尼藍婆金剛 又作「尼羅婆陀羅」，梵語 Nīlavajra-dharah 音譯，又作「青金剛」，密教執金剛神之一。盛唐中天竺阿地瞿多譯《佛說陀羅尼集經》：「尼藍婆羅陀羅（唐云青金剛也）。」 ❸退轉 在追求正法的途中，後退而失卻覺心。

【語譯】那時法會當中，有火首金剛、摧碎金剛、尼藍婆金剛等，八萬金剛，和他們的徒眾，就從座位站起身來，五體投地而頭觸佛足，稟告佛陀：「世間的尊者！倘若今後末法時代的，一切有情眾生，有能奉持這部經典中的，堅貞不變的大乘教法，那麼我們就會守護他，好像呵護自己的眼睛。乃至行者的道場，他們修行正法的處所，我們這些金剛，會自行帶領徒眾，早晚守衛，令修行者追求正法的心堅定不移。乃至令他們的家庭，永遠沒有災難，滅除瘟疫，財寶豐足，總不令其匱乏。」

尒時，大梵天王❶、二十八天王❷，并須彌山王❸、護國天王❹等，即從座起，頂禮佛足，右遶三帀，而白佛言：「世尊！我亦守護，是持經者，常令安隱，心不退轉。」

【注　釋】❶大梵天王　梵語 Mahā-brahmā 意譯，簡稱「梵天」，原為婆羅門教的創造神，後成為佛教的護法神之一。❷二十八天王　即「二十八天」的欲界六天、色界十八天、無色界四天。欲界六天：四王天、忉利天、夜摩天、兜率天、樂變化天、他化自在天。色界十八天：梵眾天、梵輔天、大梵天、少光天、無量光天、光音天、少淨天、無量淨天、遍淨天、無雲天、福生天、廣果天、無想天、無煩天、無熱天、善見天、善現天、色究竟天。無色界四天：空無邊處、識無邊處、無所有處、非想非非想處。❸須彌山王　即「帝釋天」，原為婆羅門教天界的統領，後成為佛教護法神之一，居於須彌山頂之忉利天，也就是三十三天。南朝劉宋求那跋陀羅譯《雜阿含經》卷四〇：「佛告比丘：彼天帝釋，於諸三十三天，為王為主。以是因緣故，彼天帝釋，名因提利。」❹護國天王　即「四大天王」，佛教護法神。須彌山腹有一山，名犍陀羅。犍陀羅有四山頭，四大天王各住一山頭，鎮護四大部洲，即東勝神洲、南瞻部洲、西牛貨洲、北俱蘆洲。

【語　譯】那時，大梵天、二十八天、須彌山上的帝釋天、犍陀羅山上的四大護國天等神王，從徒眾中的座位站起身來，五體投地而頭觸佛足，起身順向右繞佛陀三周，稟告佛陀：「世間的尊者！我們也來守護，持奉這部經典的人，令他們心常安穩，追求正法的心堅定不移。」

爾時，有大力鬼王❶，名吉槃荼，與十萬鬼王，即從座起，頂禮佛足，右遶三帀，而白佛言：「世尊！我亦守護，是持經人，朝夕侍衛，令不退屈。其人所居，一由旬❷內，若有鬼神，侵其境界，我當使其，碎如微塵。」

【注釋】❶大力鬼王　佛教中專門啖人精氣，以之維生的鬼，有神通力，梵語音譯名「鳩槃荼」或「吉槃荼」等。後秦龜茲國鳩摩羅什（西元三四四—四一三年）譯《大智度論》卷一二：「宰官剝削人民以取財布施，墮鳩槃荼鬼中，能作種種變化，五欲自娛；多嗔狠戾、嗜酒肉而能布施，墮地行夜叉鬼中，常得種種歡樂、音樂、飲食；剛愎強梁而能施車馬，墮飛行夜叉中，有神通力，所至有風；嫉妒好諍論而能以房舍、臥具、衣服、飲食布施，生宮觀飛行夜叉中，有種種娛樂便身之物。」❷由旬　梵語 **yojanā** 音譯。天竺長度單位，原指公牛掛軛行走一天的旅程，後指帝王車馬軍旅一天的行程。初唐玄奘《大唐西域記》卷二：「夫數量之稱，謂逾繕那。（舊曰由旬，又曰逾闍那，又曰由延，皆訛略也。）逾繕那者，自古聖王一日軍程也。舊傳一逾繕那四十里矣，印度國俗乃三十里，聖教所載惟十六里。」

【語譯】那時，有大力鬼王，名叫吉槃荼，和十萬鬼王，從徒眾中的座位站起身來，五體投地而頭觸佛足，起身順向右繞佛陀三周，稟告佛陀：「世間的尊者！我們也來守護，持奉這部經典的人，早晚侍奉、守衛，令他追求正法的心不退讓、屈服。修行者所居的，方圓一由旬的範圍之內，倘若有惡鬼邪神，侵犯道場的邊界，我們會讓他們，粉碎有如微塵。」

佛說此經已，一切菩薩、天龍鬼神、八部眷屬❶，及諸天王、梵王等，一切大眾，聞佛所說，皆大歡喜，信受奉行。

【注釋】❶天龍鬼神八部眷屬　佛教的八種護法神「天龍八部」，又稱八部眾，包括：天、龍、夜叉、阿修羅、迦樓羅、乾闥婆、緊那羅、摩睺羅迦。

【語譯】佛陀講解這部經典完畢，一切菩薩，以及天、龍等八部護法的鬼神、侍從，和諸位天王、梵王等，一切與會的徒眾，聽聞佛陀的宣講，皆大歡喜，無不信任、領受聖教而奉命遵行。

古籍今注新譯叢書

【哲學類】

新譯四書讀本　謝冰瑩、邱燮友等編譯
新譯學庸讀本　王澤應注譯
新譯論語新編解義　胡楚生編著
新譯孝經讀本　賴炎元、黃俊郎注譯
新譯易經讀本　郭建勳注譯　黃俊郎校閱
新譯周易六十四卦經傳通釋　黃慶萱注譯
新譯乾坤經傳通釋　黃慶萱注譯
新譯易經繫辭傳解義　吳　怡著
新譯禮記讀本　姜義華注譯　黃俊郎校閱
新譯儀禮讀本　顧寶田、鄭淑媛注譯　黃俊郎校閱
新譯孔子家語　羊春秋注譯　周鳳五校閱
新譯老子讀本　余培林注譯
新譯帛書老子　趙　鋒注譯
新譯老子解義　吳　怡著
新譯莊子讀本　黃錦鋐注譯
新譯莊子讀本　張松輝注譯
新譯莊子本義　水渭松注譯
新譯莊子內篇解義　吳　怡著
新譯列子讀本　莊萬壽注譯

新譯管子讀本　湯孝純注譯　李振興校閱
新譯墨子讀本　李生龍注譯　李振興校閱
新譯公孫龍子　丁成泉注譯　黃志民校閱
新譯晏子春秋　陶梅生注譯　葉國良校閱
新譯鄧析子　徐忠良注譯　劉福增校閱
新譯荀子讀本　王忠林注譯
新譯尹文子　徐忠良注譯　黃俊郎校閱
新譯尸子讀本　水渭松注譯　陳滿銘校閱
新譯鶡冠子　趙鵬團注譯
新譯鬼谷子　王德華等注譯
新譯韓非子　賴炎元、傅武光注譯
新譯呂氏春秋　朱永嘉、蕭　木注譯　黃志民校閱
新譯韓詩外傳　孫立堯注譯
新譯淮南子　熊禮匯注譯　侯迺慧校閱
新譯春秋繁露　朱永嘉、王知常注譯
新譯新書讀本　饒東原注譯　黃沛榮校閱
新譯新語讀本　王　毅注譯　黃俊郎校閱
新譯潛夫論　彭丙成注譯　陳滿銘校閱
新譯論衡讀本　蔡鎮楚注譯　周鳳五校閱
新譯申鑒讀本　林家驪、周明初注譯　周鳳五校閱
新譯人物志　吳家駒注譯　黃志民校閱
新譯張載文選　張金泉注譯
新譯近思錄　張京華注譯
新譯傳習錄　李生龍注譯
新譯呻吟語摘　鄧子勉注譯

新譯明夷待訪錄　李廣柏注譯　李振興校閱

【文學類】

新譯詩經讀本　滕志賢注譯
新譯楚辭讀本　林家驪注譯
新譯楚辭讀本　傅錫壬注譯
新譯文心雕龍　羅立乾注譯
新譯六朝文絜　蔣遠橋注譯
新譯世說新語　劉正浩、邱燮友等注譯
新譯昭明文選　周啟成等注譯
新譯古文觀止　謝冰瑩、邱燮友等注譯
新譯古文辭類纂　黃　鈞、葉幼明等注譯
新譯樂府詩選　溫洪隆、溫　強注譯
新譯古詩源　馮保善注譯
新譯千家詩　邱燮友、劉正浩注譯
新譯詩品讀本　程章燦、成　林注譯
新譯花間集　朱恒夫注譯
新譯南唐詞　劉慶雲注譯
新譯絕妙好詞　聶安福注譯
新譯唐詩三百首　邱燮友注譯
新譯宋詩三百首　陶文鵬注譯
新譯宋詞三百首　汪　中注譯
新譯宋詞三百首　劉慶雲注譯
新譯元曲三百首　賴橋本、林玫儀注譯
新譯明詩三百首　趙伯陶注譯
新譯清詩三百首　王英志注譯
新譯清詞三百首　陳水雲等注譯
新譯唐人絕句選　卞孝萱、朱崇才注譯　齊益壽校閱
新譯唐才子傳　戴揚本注譯
新譯拾遺記　石　磊注譯
新譯搜神記　黃　鈞注譯
新譯唐傳奇選　束　忱、張宏生注譯　侯迺慧校閱
新譯宋傳奇小說選　束　忱注譯
新譯明傳奇小說選　陳美林、皋于厚注譯
新譯容齋隨筆選　朱永嘉等注譯
新譯明散文選　周明初注譯
新譯明清小品文選　鄭　婷注譯
新譯人間詞話　馬自毅注譯
新譯白香詞譜　劉慶雲注譯
新譯幽夢影　馮保善注譯
新譯菜根譚　吳家駒注譯
新譯小窗幽記　馬美信注譯
新譯圍爐夜話　馬美信注譯
新譯郁離子　吳家駒注譯
新譯歷代寓言選　黃瑞雲注譯
新譯賈長沙集　林家驪注譯
新譯揚子雲集　葉幼明注譯
新譯曹子建集　曹海東注譯　蕭麗華校閱
新譯建安七子詩文集　韓格平注譯
新譯阮籍詩文集　林家驪注譯　簡宗梧、李清筠校閱

新譯嵇中散集　崔富章注譯　莊耀郎校閱
新譯陸機詩文集　王德華注譯
新譯陶淵明集　溫洪隆注譯　齊益壽校閱
新譯江淹集　羅立乾、李開金注譯
新譯庾信詩文選　歸　青注譯
新譯初唐四傑詩集　李福標注譯
新譯駱賓王文集　黃清泉注譯　陳全得校閱
新譯王維詩文集　陳鐵民注譯
新譯孟浩然詩集　楊　軍注譯
新譯李白詩全集　郁賢皓注譯
新譯李白文集　郁賢皓注譯
新譯杜甫詩選　張忠綱、趙睿才、綦　維注譯
新譯杜詩菁華　林繼中注譯
新譯高適岑參詩選　孫欽善、陳鐵民注譯
新譯昌黎先生文集　周啟成等注譯　陳滿銘等校閱
新譯劉禹錫詩文選　閻　琦注譯
新譯柳宗元文選　卞孝萱、朱崇才注譯
新譯白居易詩文選　陶　敏、魯　茜注譯
新譯元稹詩文選　郭自虎注譯
新譯李賀詩集　彭國忠注譯
新譯杜牧詩文集　張松輝注譯　陳全得校閱
新譯李商隱詩選　朱恒夫、姚　蓉等注譯
新譯范文正公選集　沈松勤、王興華注譯　葉國良校閱
新譯蘇洵文選　羅立剛注譯
新譯蘇軾文選　滕志賢注譯

新譯蘇軾詞選　鄧子勉注譯
新譯蘇轍文選　朱　剛注譯
新譯曾鞏文選　高克勤注譯
新譯王安石文選　沈松勤注譯
新譯唐宋八大家文選　鄧子勉注譯
新譯柳永詞集　侯孝瓊注譯
新譯李清照集　姜漢椿等注譯
新譯陸游詩文集　韓立平注譯　彭國忠校閱
新譯辛棄疾詞選　聶安福注譯
新譯歸有光文選　鄔國平注譯
新譯唐順之詩文選　馬美信注譯
新譯徐渭詩文選　周　群等注譯
新譯薑齋文集　平慧善注譯　周鳳五校閱
新譯顧亭林文集　劉九洲注譯　黃俊郎校閱
新譯納蘭性德詞　馮　乾注譯
新譯方苞文選　鄔國平等注譯
新譯鄭板橋集　朱崇才注譯
新譯袁枚詩文選　王英志注譯
新譯李慈銘詩文選　潘靜如注譯
新譯聊齋誌異選　任篤行等注譯　袁世碩校閱
新譯閱微草堂筆記　嚴文儒注譯
新譯浮生六記　馬美信注譯
新譯弘一大師詩詞全編　徐正綸編著

歷史類

新譯史記　韓兆琦注譯
新譯漢書　吳榮曾等注譯
新譯後漢書　魏連科等注譯
新譯三國志　吳樹平等注譯
新譯資治通鑑　張大可、韓兆琦等注譯
新譯史記—名篇精選　韓兆琦注譯
新譯尚書讀本　吳　璵注譯
新譯尚書讀本　郭建勳注譯
新譯周禮讀本　賀友齡注譯
新譯逸周書　牛鴻恩注譯
新譯左傳讀本　郁賢皓等注譯　傅武光校閱
新譯公羊傳　雪　克注譯　周鳳五校閱
新譯穀梁傳　顧寶田注譯　葉國良校閱
新譯春秋穀梁傳　周　何注譯
新譯戰國策　溫洪隆注譯　陳滿銘校閱
新譯國語讀本　易中天注譯　侯迺慧校閱
新譯說苑讀本　左松超注譯
新譯說苑讀本　羅少卿注譯　周鳳五校閱
新譯新序讀本　葉幼明注譯　黃沛榮校閱
新譯吳越春秋　黃仁生注譯　李振興校閱
新譯西京雜記　曹海東注譯　李振興校閱
新譯列女傳　黃清泉注譯　陳滿銘校閱
新譯越絕書　劉建國注譯　黃俊郎校閱
新譯燕丹子　曹海東注譯　李振興校閱
新譯東萊博議　李振興、簡宗梧注譯
新譯唐六典　朱永嘉、蕭　木注譯
新譯唐摭言　姜漢春注譯

【宗教類】

新譯金剛經　徐興無注譯　侯迺慧校閱
新譯高僧傳　朱恒夫、王學均等注譯　潘栢世校閱
新譯碧巖集　吳　平注譯
新譯百喻經　顧寶田注譯
新譯楞嚴經　賴永海、楊維中注譯
新譯梵網經　王建光注譯
新譯圓覺經　商海鋒注譯
新譯法句經　劉學軍注譯
新譯六祖壇經　李中華注譯　丁　敏校閱
新譯禪林寶訓　李中華注譯　潘栢世校閱
新譯維摩詰經　陳引馳、林曉光注譯
新譯經律異相　顏洽茂注譯
新譯阿彌陀經　蘇樹華注譯
新譯無量壽經　邱高興注譯
新譯無量壽經　蘇樹華注譯
新譯妙法蓮華經　張松輝注譯　丁　敏校閱
新譯景德傳燈錄　顧宏義注譯
新譯大乘起信論　韓廷傑注譯　潘栢世校閱
新譯釋禪波羅蜜　蘇樹華注譯
新譯八識規矩頌　倪梁康注譯
新譯永嘉大師證道歌　蔣九愚注譯
新譯華嚴經入法界品　楊維中注譯
新譯地藏菩薩本願經　李承貴注譯

新譯悟真篇　劉國樑、連　遙注譯
新譯无能子　張松輝注譯
新譯坐忘論　張松輝注譯
新譯列仙傳　張金嶺注譯　陳滿銘校閱
新譯抱朴子　李中華注譯　黃志民校閱
新譯神仙傳　周啟成注譯
新譯性命圭旨　傅鳳英注譯
新譯老子想爾注　顧寶田、張忠利注譯　傅武光校閱
新譯周易參同契　劉國樑注譯　黃沛榮校閱
新譯道門觀心經　王　卡注譯　黃志民校閱
新譯養性延命錄　曾召南注譯　劉正浩校閱
新譯樂育堂語錄　戈國龍注譯
新譯沖虛至德真經　張松輝注譯　周鳳五校閱
新譯長春真人西遊記　顧寶田等注譯
新譯黃庭經・陰符經　劉連朋等注譯

軍事類

新譯司馬法　王雲路注譯
新譯尉繚子　張金泉注譯
新譯三略讀本　傅　傑注譯
新譯六韜讀本　鄔錫非注譯
新譯吳子讀本　王雲路注譯
新譯孫子讀本　吳仁傑注譯
新譯李衛公問對　鄔錫非注譯

教育類

新譯爾雅讀本　陳建初等注譯
新譯顏氏家訓　李振興、黃沛榮等注譯
新譯聰訓齋語　馮保善注譯
新譯曾文正公家書　湯孝純注譯　李振興校閱
新譯三字經　黃沛榮注譯
新譯百家姓　馬自毅、顧宏義注譯
新譯幼學瓊林　馬自毅注譯　陳滿銘校閱
新譯增廣賢文・千字文　馬自毅注譯　李清筠校閱
新譯格言聯璧　馬自毅注譯

政事類

新譯商君書　貝遠辰注譯　陳滿銘校閱
新譯鹽鐵論　盧烈紅注譯　黃志民校閱
新譯貞觀政要　許道勳注譯　陳滿銘校閱

地志類

新譯山海經　楊錫彭注譯
新譯水經注　陳橋驛、葉光庭注譯
新譯佛國記　楊維中注譯
新譯大唐西域記　陳　飛、凡　評注譯　黃俊郎校閱
新譯洛陽伽藍記　劉九洲注譯　侯迺慧校閱
新譯徐霞客遊記　黃　珅注譯　黃志民校閱
新譯東京夢華錄　嚴文儒注譯　侯迺慧校閱

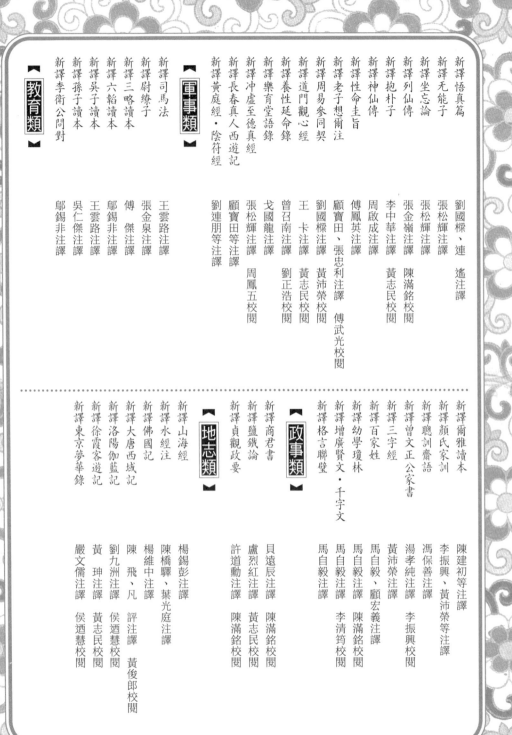

國家圖書館出版品預行編目資料

新譯圓覺經／商海鋒注譯.－－初版一刷.－－臺北市：三民，2021
面； 公分.－－(古籍今注新譯叢書)

ISBN 978-957-14-7295-9 （平裝）
1. 經集部

221.782 110014995

古籍今注新譯叢書

新譯圓覺經

注譯者 商海鋒
責任編輯 王姿云
美術編輯 李唯綸

發行人 劉振強
出版者 三民書局股份有限公司
地址 臺北市復興北路 386 號 (復北門市)
臺北市重慶南路一段 61 號 (重南門市)
電話 (02)25006600
網址 三民網路書店 https://www.sanmin.com.tw

出版日期 初版一刷 2021 年 12 月
書籍編號 S031980
ISBN 978-957-14-7295-9